点亮艺术之眼

——伟大的博物馆

伟大的
博物馆

Washington National Gallery of Art

华盛顿
国家艺术馆

〔意大利〕罗萨·乔尔吉 编著
陆元昶 译

内蒙古科学技术出版社

前 言

在华盛顿国家艺术馆的开端有一个人，他的名字是安德鲁·梅隆。作为爱尔兰血统的美国人，银行家，一百六十家公司的总裁或董事，在一九二一年，梅隆拥有一份价值五亿美元的个人财产。在这一年，有人向美利坚合众国总统提名他担任财政部长一职。“我从没有听说过他。”总统回答。

事实上，梅隆不仅极为富有，更有超出常人的谨慎。他是个虚弱瘦小的小个子，有着又小又纤细的双手，可以为自己卷制精细的雪茄以便夹在细细的手指之间。他的脸尖瘦，被框在极精心的梳理的白头发当中，他的目光生动灵活，小胡子和眉毛形成白色的灌木丛。

他选择朋友关系是非常谨慎的，这是易于想象的。在这些朋友当中，突出的是与克莱·亨利·弗利克之间的友谊，这是另一个美国“巨贾”（拥有无数资产者），是他生意上和旅行上的伙伴，另外还是在梅隆的心中点燃艺术圣火的人。在那些与弗利克一同进行的欧洲旅行中，梅隆开始热爱古代艺术作品，并被引诱做了最初的那些购买。一开始他对于那些较为刻板的画，如英国的肖像画或荷兰的风景画确实显示出一种特别的偏爱，并且表示完全不喜爱那些有着过于活泼色彩的画作。对于画，他有一种至少是可敬的尊重，以至于在那些他与朋友们聚在一起喝酒抽烟的房间里从不挂宗教题材的作品。

在大萧条的一九二九年，梅隆明白他对于艺术品的热爱似乎应当转变成一个使命：在华盛顿创建一个以罗浮宫为样板的国家艺术馆。按他的习惯，他做一切都在暗中进行。他以两位商人克诺德勒和杜温为自己的助理兼顾问，开始在世界上所有的市场购买杰作，包括俄国。大约在20世纪30年代，他得知斯大林偷偷地批准了出卖一部分历代沙皇的财宝用以“购买拖拉机”的残暴计划。通过克诺德勒，梅隆成功地以一笔相当于七百五十万美元的金额获得了艾尔米塔什博物馆（Ermitage）

的几件最惊人的杰作。就是美国政府根本不了解这项交易的重要价值。

几乎是出于偶然，在一件旨在清查这位巨头的收入的公共诉讼程序中，这件事被发现。但是梅隆使所有的人为难了：他在一九三七年不仅揭开了这些在俄国购买的画作的起因和细节，还公开了一个令世人震惊的资助艺术行为——建立华盛顿博物馆的意图。

很快，建立博物馆的区域就被选定，在沿着梅尔河，几乎在坎皮多利奥山与白宫之间的半路上。梅隆选中了建筑师约翰·拉塞尔·波普，起草了设计方案。他选中了建一座以石灰和大理石为主要材料建造的建筑物，这座建筑物庞大到为了弄到这第二种珍贵的材料，后来必须使用足足八百辆车皮有着二十三种不同色调的田纳西州玫瑰红色大理石，从用于正面的最鲜艳的玫瑰色，到用于顶部的珠光玫瑰色。

在一九三七年，国会接受了博物馆这项令人难以置信的馈赠，并通过了设计方案。命运却使梅隆没有收获他的慷慨捐赠的荣誉：在赠予数月之后，这位银行家去世了。二十四小时之后，建筑师波普也死了。

然而安德鲁·梅隆留下了他的智慧和审慎的一个非常特殊之点，例如，他规定建筑物不带上他的名字，出于一个非常简单的原因，为了诱导其他的富有的收藏者将他们的财宝留给新的国家艺术馆。并且，这一个事实也表明了这是他的意图，即他将少量的房间专门用于他个人的遗赠物，却使人建造了一座有着六个建筑群的博物馆，带有已经为其他捐赠者预先准备好的大量空间。正如我们所知道的，其他的捐赠者在梅隆捐赠的同时大量涌来。山缪·卡瑞斯紧跟着他的榜样（梅隆），他的捐赠足足占据了三十四个大厅，随后而来的有彼得·怀德纳、切斯特尔·达尔，还有其他许多人。约翰·拉塞尔·波普的建筑物于一九四一年开放，尽管庞大，但到20世纪70年代末，已经不再够用。在一九七八年，有必要建造一个新的翼馆，即西翼馆。建筑师就是后来以建造罗浮宫的金字塔获得不朽名望的贝聿铭。

马可·卡尔米纳蒂

目 录

11
华盛顿国家艺术馆

21
主要馆藏

155
参观指南

158
艺术家和作品索引

华盛顿国家艺术馆

华盛顿国家艺术馆的历史虽然尚未达到一个世纪，但它保存的作品讲述着几乎七百年的历史，从古老的欧洲翱翔到新的世界，作为美国最广阔最完备的古代绘画收藏，并且也是世界最重要的收藏之一而与众不同。另外还收藏最现代的印象主义、后印象主义作品和 20 世纪的绘画与雕塑。所有这一切主要归因于四次个人收藏的捐赠。很快人们又使另一些捐赠紧跟而来。另外还有一些归因于文艺资助者和赠予者的慷慨，他们以前人为榜样，继续着建造一个国家博物馆的伟大事业。

国家艺术馆的历史开始于一九三七年，在这一年，因为一项重要的捐赠，美国国会批准了在华盛顿建立一座国家美术馆。由 15 世纪和 16 世纪的意大利与弗朗德勒、17 世纪荷兰与弗朗德勒和 18 世纪英国的绘画，以及文艺复兴的雕塑构成的这项捐赠，连同一个建造一座庞大建筑物以容纳所有收藏品的任务一起来到政府。

安德鲁·梅隆这个爱尔兰血统的美国人的形象对于美术馆的历史是十分重要的。确实，身为众多家庭产业的管理人和梅隆国家银行的董事长，先做过财政部长（1921—1932），然后是驻伦敦大使（1932—1933），他对于设立一套国家收藏的美术馆的可能性感兴趣。为了这个可能性的实现，他将要捐出自己的个人收藏，条件是美国政府随后负责这个庞大的机构，任何作品，如果不属于被他捐赠的那些作品的同等质量水平，将不得被添加到收藏之中。

这个想法在一九二七年成熟，这时梅隆更加准确地看到了他的收藏所能达到的方向。一些年以来，他的购买就瞄准创造一个总集，

乔托，《带着圣婴的圣母》（局部），1320—1330

它能够代表欧洲艺术的最高水平，从拜占庭时代到18世纪末，但是现在目的对于他来说变得清楚了：即应该使尚不存在一座国家美术馆的华盛顿具有一个巨大的国家美术馆，以被人欣赏和被造访的伦敦国家美术馆为榜样。于是事情也就这样发生了，甚至可以说，这仅仅是开端。梅隆的珍贵收藏从这位大金融家的年轻时就已经开始了。他为了它，进行了多次在欧洲的旅行，以便与那些最重要的古董商保持接触，并且实施购买，这些购买都被发现是属于最有威信的，这一切也要感谢他的朋友克莱·亨利·弗里克的鼓励与支持。作为古董商克诺德勒公司的热心顾客，他通过他们的中介作用，变成圣彼得堡修道院博物馆的二十一件杰出画作的产权所有者，当时这批艺术品的产权已转让给了亚美尼亚的亿万富翁古尔本金安。借助这种确实是轰动性的（它被视为拿破仑朝代以来的最大的打击）和在一九三〇年和一九三一年间结束的购买：拉斐尔的杰作如《圣乔治与龙》和《黎明圣母》，维罗奈塞的《摩西被发现》，弗朗德勒人凡·埃克的《天使报知》，桑德罗·波提切利的辉煌的《三王朝拜》，另外还有提香的几件作品，凡·戴克的四件作品和伦勃朗的五幅油

桑德罗·波提切利，《三王朝拜》（局部），约 1480

画进入了未来的美国国家。安德鲁·梅隆的收藏关注达到这样的程度，除了针对欧洲艺术，它还针对地方文化。带着一种特别注意的目光看待美国最晚近的艺术史，这段历史主要借助于对托马斯·克拉克的美国流派肖像画的全部藏品的购买而得到再现。

国家艺术馆的创建者因此而提供了最早的核心作品，它在质量和数量方面都是极为重要的，一百二十一幅绘画和二十一件雕塑，并且为博物馆的建设拨出资金。从一九三五年起，梅隆亲自负责，委托建筑师约翰·拉塞尔·波普设计在华盛顿市树立处在乔治·华盛顿纪念碑和坎皮多利奥广场之间一块特地选中的地面上的新建筑物。这座有着一个巨大的新古典主义整体外貌的建筑物后来于一九四一年完成。

但是在一九四一年落成之前，另一个伟大的美国收藏家带着热情遵循着梅隆走过的路：在一九三九年，山缪·卡瑞斯放弃了建造一座自己献给文艺复兴时期意大利艺术博物馆的计划（肯定受到了与收藏家亚历山大·贡第尼·波纳科西伯爵和与艺术批评家贝尔纳尔·贝伦松的友谊的影响）后，捐赠了他的庞大的收藏，它们只包括意大

拉斐尔，《黎明圣母》(局部)，约1510

利的艺术作品。理所当然地被列入这座伟大的国家博物馆的资助者兼创建者名单的山缪 · 卡瑞斯先前因为创造了一条商业链而积累了一大笔财富，他致力于尝试形成一个自己的收藏，以罕见的谨慎和细心几乎仅仅关注意大利的文化领域。正是在第二次世界大战后的那些年，当他开始了自己的尝试时，17 世纪、18 世纪的作品开始得到批评界的重新重视，他又对这类作品给以新的注意。这使他能够获得一些相对较少被市场重视然而却有着伟大价值的作品。

卡瑞斯的收藏并不像梅隆的收藏那样有着一个长久的形成历史，但却是给博物馆带来最大作品数量的收藏。虽然他初始的兴趣是针对文艺复兴时期艺术，但他后来能够开阔他的视野，从不拒绝晚于十九世纪的作品，并且从不将现代和当代的作品从他的收藏中排除。其收藏的独特性就在于希望集中那些伟大艺术家的杰作，和一些较小流派的有重要意义的证据。也许是他曾经受过的教师培训激发他建立某个比一种杰作选集（这是每一个巨大的私人收藏的基本模式）更多的东西，它应当通过被收藏的作品表达自己在历史和批评的基础上，更广泛地记录各种不同流派和各个历史时代的演变。

在那些最令人感兴趣的为了山缪·卡瑞斯的收藏而购买的，后来汇入对于国家美术馆的捐赠品当中的画中，有威尼斯人多明尼科·韦内齐亚诺的《正在接受圣伤痕的圣弗朗切斯科》和乔尔乔内的珍贵的《圣约翰在沙漠中》《牧羊人的朝拜》，杜乔·迪·博尼赛尼亚的锡耶纳国王祭坛装饰屏下部的绘画，和《彼得与安德烈的召唤》，费拉拉艺术家埃尔科莱·德伊·罗贝尔第的几幅珍贵的画作，特别是《乔万尼二世与吉奈伏拉·本提沃约的画像》《圣卢齐亚与圣弗罗利亚诺》，这两幅画与《十字架受难》一起，重新组合成了另一位费拉拉艺术家埃尔科莱·德尔·科萨的《格利福尼三折画》。由于一九二九年的悲剧性的经济危机，山缪·卡瑞斯能够使曾经存在于一些重要的美国收藏中的一些重要作品免于失散，在这些作品中有乔托的《圣母与圣婴》。

贝尔纳尔第诺•路易尼，《抹大拉》（局部），约1525

安东尼·凡·戴克，《格里马尔第侯爵夫人像》（局部），1623

在一九三九年和一九四五年间，卡瑞斯的研究领域的视野和艺术主题已经大大地开阔，超出了意大利文艺复兴的界限，将威尼斯十八世纪的作品，某些弗朗德勒人如凡·戴克（一幅极活泼的画像）和法国作品的一个早期群体包容进来，这使得他能够在一九四六年开放那些专门用于法国流派的新大厅。从此对于外国流派的兴趣得到加强和开阔，这些作品通过四次不同的捐赠进入了博物馆，其中最后一次在一九六一年，博物馆创建二十周年之际，当时以一次盛大的专门献给那些刚刚被捐赠作品的展览《美国艺术珍宝》加以纪念。正是这次机会向公众展出了贝尔纳尔第诺·路易尼的《抹大拉》，卡纳列托的《帕多瓦的布伦塔门及运河》，和鲁本斯的《布利吉克·斯皮诺拉·多利亚侯爵夫人像》等作品。卡瑞斯的巨大捐赠并不仅仅用于庆祝国家美术馆历史的最初二十年：从安德烈·梅隆的女儿埃尔莎·梅隆·布鲁斯一方，到来了弗拉戈纳尔的杰作《正在阅读的女孩》，同时梅隆基金会准许购买杨·大卫茨·德·海姆 的《花盆》和科普莱的《艺术家的家庭》；在同一年，另一些作品从科基金会（庚斯博罗，米勒维尔德和比切），从福勒基金会（特纳，卡纳列托，莱诺尔兹）到来。

如果说规模巨大的卡瑞斯收藏（在今天足足占据了博物馆的三十四个大厅）是紧跟着创建者的那些资助，分多次被捐赠给博物馆，则在这同时，另一个重要的收藏者的捐赠并没有推迟到达：这就是彼得·A.B. 怀德纳。这位重要的铁路大王出生于费城，他在十九世纪末开始了自己的收藏，主要对意大利文艺复兴时期感兴趣（拉斐尔的《科佩家的小圣母像》就是他的），有着一些珍贵的十五世纪的作品，一些十五世纪和十七世纪的弗朗德勒艺术的杰作（凡·戴克的《埃列娜·格里马尔第侯爵夫人像》）已经加入到其中，还有一个新的对于十八世纪英格兰艺术的兴趣。不仅仅如此，这位收藏家和他的儿子约瑟夫·E. 怀德纳的注意还转向一些被批评界忽视的艺术家，如埃尔·格列柯（购买到他的那些来自托莱多的圣何赛礼拜堂的画作），和那些现代的作者如马奈（《死去的斗牛士》）、雷诺阿和德加，

约翰内斯·维米尔，《拿着天平的女人》（局部），1664

但还有美国的如萨尔根特和惠斯特勒。约瑟夫·怀德纳在父亲去世后，这发生在一九一五年，负责家庭的收藏。怀德纳家庭收藏的数量众多的作品在博物馆刚落成之后就到达了国家艺术馆，并且，在一九四二年，被布置到了它们后来被展示的那些大厅。根据捐赠者的一个确切请求，收藏必须保持其统一的特征：这是九十九幅绘画、四十一件雕塑和一个非常丰富的小型艺术品收藏，最后这些东西都被安放在平地上。

最后，但只是在时间顺序上，国家艺术馆的收藏的增长能够利用了由纽约的切斯特尔·达尔的收藏的进入而导致的重要增长：大约二百五十幅油画，是在一九二〇年至一九三〇年间被这位金融家带着巨大感情收集的，他得到了妻子毛德的细心建议，作为画家和艺术批评家，她将自己的兴趣指向近代和当代的艺术。

不同于其他捐赠的是，达尔收藏品一开始是以长期出借物的形式被包容进国家艺术馆的；只是在收藏者去世后它才于一九六二年以遗赠的形式完全进入国家艺术馆，还有那些从未出借过并且一直留在他家的作品。博物馆最终被决定性充实了现代和当代法国绘画的一些重要作品：大卫，德拉克洛瓦，科罗（《阿戈斯蒂娜》《枫丹白露森林》），和印象派画家如马奈、雷诺阿（《带着喷水壶的小女孩》《土耳其宫女》）、莫奈（《卢昂主教堂》）、图鲁兹-劳特莱克、塞尚……然后是野兽派，有马蒂斯，德兰，瓦尔明克，卢奥，杜菲，马尔凯和苏蒂纳；立体派，布拉克，毕加索，莱热……达尔的收藏甚至还拥有齐利科的作品和一个莫迪里亚尼的选集：所有这一切进入国家艺术馆而成为它的一部分，包括一些美国印象派艺术家如惠斯特勒和马利·卡萨特的作品。

简而言之，这就是构成艺术馆的主要核心的四次巨大捐赠的历史，渐渐地，其他一些有着较小重要性的捐赠也加入进来。在那些特殊的作品中应该提到莱辛·J. 罗森瓦尔德的绘画作品，由大约两万两千片印刷画、图画和水彩画组合而成。

约翰·辛格·萨尔根特，《懒散（休息）》（局部），1911

被建成为一幢从一开始就是专门建筑物的这个庞大博物馆和展览馆，其现代的和相对较晚的构造有助于遵循一些非常周到的博物馆学标准，而不致使人不得不改造一个已经存在的空间，就像在欧洲的许多古代收藏中所发生的那样。

为了装备展览，人们遵循了一种受到日本美学经典启发的准则，与在欧洲更加广泛的阅读正相反，它并不是首先将艺术品视为历史记录，而是在本质上视为快乐的源泉。依照这样的启发动机，人们的目的是以使人能够首先注视艺术品的方式展示每件作品，而不使周围存在导致外来分心的因素；出于这个原因，国家艺术馆将作品相互分隔地展出，有一个比各个博物馆的常规双倍大的空间，以便能够与其他作品分隔开来观察一件作品，正如墙壁的木质覆盖物有强调单件作品之状态的功能一样。目前，收藏被分到两个处在梅尔中心的不同的建筑物中，两座建筑物之间由一条宽阔的地下通道相连，通道中容纳了各种接待公众的设施，从咖啡馆到书店，这也是所有现代博物馆的特征性设施。

第一座建筑物是在一九四一年由约翰·拉塞尔·波普建造的，在这里装备着古代艺术的展出；第二座建筑物于一九七八年落成，被命名为东翼，由华裔建筑师贝聿铭设计，以容纳更为现代的二十世纪作品的收藏——这是一幢有着大胆多边形外观的建筑物，像一个巨大的现代雕塑一样矗立在一片呈不规则四边形的地面上。

华盛顿国家艺术馆

主要馆藏

杜乔·迪·博尼塞尼亚

《彼得和安德烈的召唤》约 1308—1311

木板上胶画
43.5 cm × 46 cm
来自山缪·H. 卡瑞斯的收藏

表现对于两位最初的使徒之召唤的这幅小画属于复杂的作品《庄严》（Maestà）的一部分，这部复杂作品是由贾科摩·马利斯科蒂为了锡耶纳的主教堂的大祭坛而请求杜乔·迪·博尼赛尼亚创作的。创作于一三〇八和一三一一年间的祭坛装饰屏是在两个面上组合而成的：在正面部分是“被众圣徒和天使环绕的坐在王位上的圣母”，众多带有福音故事的木板画和一幅祭坛装饰屏下部的绘画，这幅画也是分为多块画板的；祭坛的背面则由一些带有福音故事讲述的画和一块下部绘画构成，在这里描绘的这个绘画片段最初就是被放置在此。巨大的祭坛装饰屏一直在其原先的安放地点未受触动，一直到一七七一年，在这一年它被分为两部分，而某些片段被出卖。

在这幅小画中，明显表现出遵循拜占庭传统的杜乔绘画中的空间研究的缺乏，同样还有博物学研究的缺乏。画中所有组合成场景的因素都被带着象征意义加以利用，以决定各个空间：在金色背景平面上突显出来的岩石，悬空在水上的船，装满了鱼却看上去没有重量的网，鱼们也悬空或漂浮在提比利亚的绿色的海水之中。

彼得与安德烈这两位渔夫兄弟的形象代表了杜乔的艺术中一个值得注意的新意，他们的动作表示着对于基督的召唤的即刻回答，以敏捷性与河岸上的耶稣的固定形象相对立。

木板上的胶画
左边的镶板 43.8 cm × 16.5 cm
右边的镶板 43.8 cm × 16.5 cm
中央部分 43.8 cm × 77.5 cm
来自安德鲁·W. 梅隆的收藏

杜乔·迪·博尼塞尼亚

《在先知以赛亚和埃泽基尔之间的圣诞》约 1308—1311

天空合唱队中的一位天使带来一个纸卷（与这个故事的两边先知们所拿的那个纸卷相似）和向牧羊人们的宣告，及用以辨认出应当崇拜的圣婴的标示。在许多个世纪里，这样的场景都是圣诞画的补充成分，只是在十六世纪末，它才变成独立的成分。

三块画板来自杜乔于一三〇八和一三一一年间为锡耶纳主教堂的大祭坛所制作的“庄严”装饰屏的前面部分的下部。装饰屏前面部分的下部由一些基督童年故事和预告基督降临的先知们的形象所构成。在圣诞画旁边的以赛亚和埃泽基尔由于形象的特征化而显得互相不同，而在姿态上又完全相似和处于沉思中，他们一只手中拿着一个长长的被展开的纸卷，带有他们的预言的文本，另一只手上举，做出面对神秘事迹的惊讶表情。圣诞的形象化表现是根据拜占庭绘画的惯用模式而构成的，有着对于多个场景的同时再现：被放置在马槽即坟墓中的正面的圣婴，躺着的童贞圣母，两位接生婆（来自伪造史料的讲述）亲手为圣婴洗澡，向牧人们的宣告。站在小屋外面的约瑟帮助的玛利亚的形象不自然地有着巨大的比例，以强调各个人物间的等级，并使人想起锡耶纳人们对童贞圣母的虔敬。

乔托

《带着圣婴的圣母》约 1320—1330

木板上胶画
85.5cm×62cm
来自山缪·H. 卡瑞斯收藏

美国收藏品中唯一被一致认为属于乔托的作品，来自卡瑞斯收藏的《带着圣婴的圣母》在最初是一套多折画屏（polittico）的中央画板，这套画屏也许有五个组成部分，在画屏中被辨认出圣劳伦佐和福音作者圣约翰，这两幅都带有波纹线脚（被保存在沙阿利，雅克马尔·安德烈博物馆），还有圣司提反（保存在佛罗伦萨，霍恩博物馆）。多折画屏的创作日期被一致接受为十四世纪的第三个十年间，因为风格的各种相似性使它接近被乔托在巴尔第小教堂和佩卢齐小教堂里所创作的那些作品，还并不能肯定地将它引向瓦萨里和基贝尔蒂的涉及为佛罗伦萨的大修道院而创作的那些作品的引述，或基贝尔蒂的涉及圣十字架教堂的称引。

画在金色背景上的与圣婴在一起的圣母的主题无疑遵循着意大利十四世纪的传统，而这个传统又是来源于拜占庭的圣像。然而，在这个时刻，乔托表现得善于以智慧脱离传统，赋予人物形体以良好的塑造的体积和被弯曲的优雅的线条所明确的立体感姿态。作为这样一些风格契合的开端的当然就是与一个正在改变着对于人性视野的世界的智力接近。

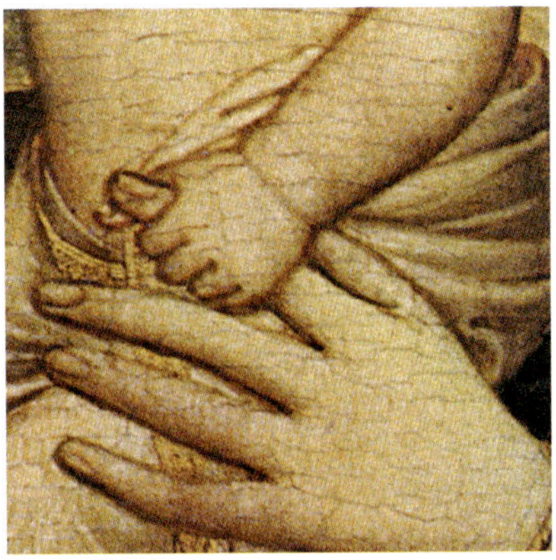

在玛利亚的面纱上，星形的十字架，这个叙利亚古代的对童贞的象征物（三次出现：在头上和在双肩上），似乎被乔托自由地改变了形状，在头上的被变为几何形的冕状头饰，标志着这位有着拜占庭传统的艺术家在接受古代格式的同时，使之适应新的文化现实的能力。

紧握玛利亚食指的耶稣的小手是一个全新的动作：放弃了所有的《圣经》象征，艺术家转向情感的领域，将基督表现为一个有着儿童温情动作的幼儿。人们尤其注意到借助于对一条柔和线条的智慧的和优美的使用，而给予身体以体积的能力。

圣婴试图抓住没有刺的白玫瑰，这是童贞圣母的标志和无辜的象征，因为玛利亚未被原罪触及。花被妈妈拿在手中，她似乎想要留住它，就像是出于游戏：与来自拜占庭文化的玛利亚形态学相比，这是一个独创的概念，相比于这些类型学，人们正在实验一种新的感受。

杨·凡·埃克

《报知》约 1434—1436

被复制在画布上的木板油画
92.7 cm × 36.7 cm
来自安德鲁·W. 梅隆的收藏

这幅画来自尚隆（第戎）的卡尔特派修道院，它留在那里一直到一九一八年被运到巴黎。画的安放位置使人猜测有一个国王订货，也许是好人菲力浦的订货，因为在这里发现了布尔戈涅各位公爵的墓地附属教堂，事实上，《报知》应该在那里一直放到一七九一年。《报知》的场景被不寻常地安排在一座神圣建筑物内，而不是玛利亚的家里。教堂被表现为处于两个不同的建筑风格之中：罗马风格，在画家的时候已经被战胜，还有哥特风格。也许，这是艺术的一个刻意选择，为的是在背景布置中强调报知发生的那个历史时期，也就是《旧约》和《新约》的过渡时刻。在构图的近景处的模仿镶嵌工艺品而画的珍贵的地板装饰也暗示旧约。天使加布里埃尔与童贞圣母的对话通过动作的雄辩力细致微妙地表现出来：天使的手指向天空，而玛利亚的张开的双手处于一个惊讶的动作中，微低的头则是处于接受的动作之中。另外，被以金色写的言语从两个人物的口中流出，回答的话朝向天使，被象征性地翻转过来写。

从那些罗马形式的大窗子中的一扇，穿过彩色的玻璃，透进几道极细的金色阳光。这是超自然的光，是被上帝派出的圣灵之能力的象征，再往下，接近童贞圣母玛利亚的头部，它显现为传统的小鸽子形式。

展开的书这一细节表明玛利亚正在做祈祷时被天使的到访惊吓到。这一因素后来十四世纪在西方艺术中，优先于在泉水边的或专心于妇女事务的玛利亚的古代主题，得到发展，以指示童贞玛利亚的化为肉身的圣子之母和“智慧之所”的身份。

通过内景表现中的一个极美的逼真细节，观看者的注意力被吸引到构图的近景：带有黄道带标志的装饰主题框入了各种不同的场面，在这些场面，可认出《旧约》的两个故事：大卫与歌利亚和正在杀死非利士人的参孙。

安杰利科和菲利波·利皮

《三王朝拜》约 1445

木板胶画

直径 137.3cm

来自来自山缪·H. 卡瑞斯的收藏

构图的中央核心表现的是下跪朝拜圣婴的几位博士。根据圣像学的传统，在第一位的是最年长的梅尔基奥尔，他送上金子，基督的王权的象征，并且通过亲吻圣婴的脚而表示他的敬意。

这幅制作水平极高的圆形圣像也许能够被推定为存在于美第奇家在杰出的罗伦佐去世后于一四九二年编写的财产清单中的那幅，在这份清单里它享有一百佛罗利诺的极高标价，被认为属于安杰利科。从十八世纪开始，那些更加晚近的对于画作的研究能够辨别出两个不同的手为了这幅欢乐的“三王朝拜”的完全实现而进行的干预。作品的中心部分应该是由属于多明我会的安杰利科教士所创作，他于一四四五年前往罗马，留下未完成的画作，后来画作被加尔默罗会的菲利波·利皮教士完成。

带着坐在膝上正接受三王敬意的圣婴的圣母构成作品的中心群体，并且它仍然有着哥特时代的寓言式虚构的影响，在这个群体周围表现的不可胜数的和五彩缤纷的叙事因素都被认为是由利皮所作。在圣婴周围，菲利波·利皮教士的手智慧地创造了多种多样的动作，心灵的激动，表情，它们丰富了故事的色调，而这个故事的各个地方（正在朝拜的穷人的形象和那些奇异的建筑学相似之处），似乎显示出对于阿尔卑斯山外的世界的认识。

木板胶画
79 cm × 51 cm
来自山缪·H. 卡瑞斯收藏

菲利波·利皮

《带着圣婴的圣母》1440—1445

玛利亚的手紧靠着靠垫，并且部分被一块精细的白纱所盖，这一细节显得特别细心和珍贵，并且为能够细致地塑造构图的每种体积、重量的光的调节使用所强调。

在一九三九年与卡瑞斯的收藏一起被捐赠的有着“带着圣婴的圣母”的图画，其年代可以被放置在略先于艺术家的完全成熟期的那个时期。仍然能够认出从马萨乔的作品中学来的那些笔法，菲利波教士于一四二一年在佛罗伦萨的卡尔米奈修道院宣誓入教，他在这座修道院的布朗卡齐小礼拜堂里可能看见过马萨乔的作品。人物的形象被细心地塑造成一种果断而简洁的立体感效果，给构图增添了一种有着优雅的简单性的色调。另外还能够找出一些从艺术家在帕多瓦的居留(15世纪的第三个十年）而来的因素：也许来自对于多纳泰罗作品的线条的认可，和一种对于光的特殊使用方法。在这里，光在为两位神圣人物充当外框的壁龛上画了一个明确的暗影，这个框架也许是面对着弗朗德勒绘画的内部布置而构想出来的，与马萨乔已经使用过的那种强烈的定向性的框架形成对比。正是光给予作品一个微妙的发展，使它避开了一个宁静的稀疏化效果，并且将观察者引向对一些珍贵细节的发现，例如童贞圣母的头饰上的面纱或圣婴的服装。

威尼斯人多梅尼科

《圣约翰在荒漠中》约 1445

木板上的胶画
28.3 cm × 32.4 cm
来自来自山缪·H. 卡瑞斯的收藏

施洗者身后的一条向着山而上升的不可到达的布满石头的小路的形象，能够被容易地推导到岔路口上的赫拉克勒斯这个肖像学的先例，在那个画像上呈现了英雄在两条不同的道路间的选择：一条平坦而令人快乐，另一条陡峭而难以到达。

作为佛罗伦萨的“马涅奥利家的圣卢齐亚祭坛装饰屏”（现存于乌菲齐美术馆）的下方部分，这个带有“圣约翰在荒漠中”的片段是于一九四三年到达国家艺术馆的，略晚于有着同一来源的带有“正在接受圣伤痕的圣弗朗切斯科”的那块画板。这个在艺术史上并不经常出现的主题表现的是施洗约翰放弃他的华丽服装，已经穿上用骆驼毛做的隐修士衣服，走上苦行的道路的那个时刻。场景被带着强烈的象征意义而表现，并且使人想到那个时代的文化世界，这个文化世界已经充满着古典主义，足可将年轻的圣约翰与一个古代世界的异教神相比，并且可以将他的动作视为岔路口的赫拉克勒斯这个在当时非常盛行的寓意故事的一个基督教式再解释。

由尖利岩石构成的群山上升得比场景中不多的植物更高，透露出一种荒凉和孤独的感觉，有着强调圣约翰的抉择之严重性的功能。最后，艺术家超越了晚期哥特画风的那些拘谨犹豫，清除了金色背景，以创作出一片有着宁静气息，被短而规则的白云充满生机的蓝天。

木板上的油画
37 cm × 27 cm
来自安德鲁·W. 梅隆的收藏

罗杰尔·凡·德尔·维登

《妇人画像》约 1460

尽管有某些将这位妇人认作玛利亚·迪·瓦伦京，也就是布尔戈涅的善良的菲利普兼罗杰尔的保护者的私生女儿的尝试，但被画的这位年轻夫人的身份仍然是无人知晓的。从以一位弗朗德勒大师所特有的特别细致描绘的时尚细节开始，一系列的迹象将她表现为属于贵族阶层。这位妇人穿着一件勉强从构图的背景显露出的深色衣服，被一条珍贵的金属腰带束紧的高高的红色束腰使衣服的颜色变得活跃。被画家处理得最珍贵的织物就是面纱，它在服装中部分地遮盖了深处的披肩，

并且在头上组成一个优雅的宽边女帽，这顶帽子让人隐约看到设计精细的发型。

根据十五世纪盛行的弗朗德勒模式，被画出的妇女的高额头是一种修剪的效果，这道修剪加工甚至还影响到眉毛。几乎落到眼睑的帽子将头一直盖到耳朵上方。画家用来描绘刚刚展开并且还带有熨烫的痕迹，靠一些大头针被固定在头上的织物的那种细腻，使人们隐约可以看见更下方的肩膀的曲线。

抵在栏杆上的双手的极珍贵的细节有着双重的功能：突出这位以有着尖细并且谨慎地戴着戒指的手指的美丽双手为特征的妇人的贵族身份，并且以两个层面的交替而强调景深。

弗朗梭瓦·克卢埃

《普瓦提埃的狄亚娜》约 1571

木板上油画
92.1 cm × 81.3 cm
来自山缪·H. 卡瑞斯的收藏

弗朗梭瓦·克卢埃是杨·克卢埃的儿子，宫廷画师，并在弗朗梭瓦一世和他的继任者亨利二世和夏尔九世身边承担了其父亲的职位。和别的在这个宫廷里活跃的画家一样，他受到由被弗朗梭瓦一世召请的意大利艺术家形成的枫丹白露派的影响，并且善于以带有弗朗德勒因素的意大利方式创立一些新的方法。

在这个处在一个室内环境的浴室场景中所表现的主要女性人物形象，其身份是不确定的，但是人们倾向于将她认作普瓦提埃的狄亚娜，她是弗朗索瓦一世的宠妇，后来又是亨利二世的宠妇。根据枫丹白露派的大师们的一个典型性的习惯方法，通过表现浴室中的裸体贵妇，意在暗示维纳斯的古典神话，这一神话还被一些并不总能在今天被轻易地查获的文学和文化暗示所传达。如果说那个妇人右手中拿着的康乃馨可能象征着一种爱情关系（在阿尔卑斯山外地区它是已订婚夫妻之花），则将手伸向水果的幼儿和在次要位置的乳娘，也许就是以另一种方式暗示丰腴和生育力。另外，由于主要人物并不与观察者的目光交会，则她也许会是理想美的象征。

在远景处是一个室内场景，壁炉中燃烧着火为近景的夫人烧洗澡水，这使人感觉到弗朗德勒的影响。在女仆身后很容易认出的独角兽形象是宫廷式的对贞洁的暗示。

木板上油画
42.7 cm × 37 cm（带着下方的增加部分）
原始画板：38.1 cm × 37 cm
来自埃尔萨・梅隆・布鲁斯基金会

列奥纳多・达・芬奇

《吉内佛拉・班其》约 1474

存在于美国各博物馆的唯一的列奥纳多的绘画，是吉内佛拉·德伊·班其（Ginevra de'Benci）的画像，根据最可信的年代推定，制作于他离开佛罗伦萨去往米兰之前不久。根据当时的习惯，画像也许是被定做的，也许是由皮埃特罗·本波，吉内佛拉的柏拉图式爱人，为她婚礼定做的。一四七五年，这位十六岁的少女与有着她的两倍年龄的鳏夫路易吉·尼科利尼结婚。由于忠诚于具有谜语作用的人文主义消遣，列奥纳多在他的对象身后放置了一丛茂密的刺柏，它通过半谐音，揭示人物的身份，另外也承认人物的珍贵的诗意天资。画作呈现出一种非常细致的和明确列奥纳多式的在精彩的色彩混合方面的做工，借助这种手法，列奥纳多表现那些浅红色，使它们决定着具有一个宁静而受约束性格的那些面貌特征，和通过对围绕着面部的浅色鬈发，或被描画的眉毛的极细致线条而做的弗朗德勒式精确描绘所表现出的对时尚的观察。在画板的背面，列奥纳多以缠绕着刺柏（贞洁）、棕榈（基督教道德）和月桂（诗意文化）的拉丁文格言“virtutem forma decorat”（美装饰道德）画了一个纹章学的主题。

在作为背景的珍贵风景的深处，一些高高的钟楼也许是列奥纳多对于诗意的优雅、对于智慧和对于宗教虔诚的一种暗示，这是被在佛罗伦萨度过的青年时代的同时代人非常欣赏的天资。

安东奈罗·达·美西纳

《带着圣婴的圣母》约 1475

这幅画也许是由安东奈罗在他第二次居留威尼斯时期创作的。在艺术家的教育经历中，这段时期处在他在拿波利和科朗托尼奥处学习之后，这段时期还有着大量的弗朗德勒、加泰罗尼亚和普罗旺斯的启发，以及一些最重要的经历，和可能的与真福者安杰利科、皮埃罗·德拉·弗朗切斯卡（在一个可能的罗马之行中）的接触。一直到这个时刻，威尼斯的画家们仍然非常少地使用油画，这种画是通过与弗朗德勒的贸易而为人所知的；但似乎是，安东奈罗也在与乔万尼·贝利尼那样的艺术家的接触中，成功地做到了更加有效地设计这种技术，以至他自己能够影响威尼斯的绘画。

在这幅画中，人们认出向威尼斯绘画和向贝利尼启发的第一次靠近；人物形象的安排显得牢固并被结构为金字塔形状、带有一种对于立体感效果的精确关心，这似乎是在接近某些如拉乌腊纳那些的雕塑经验。对于童贞圣母的斗篷和盖在圣婴身上的大红布的色彩简单性来说，在细致的金色花边中的某些珍贵的细节起到了对比的作用，这种金边采用了在圣婴头发和圣母头发的浅色部分，特别是玛利亚的衣服上浅色部分的光，在玛利亚的衣服上，艺术家以精细的手法再现了他自己时代的光彩的织品。

木板上油画和胶画
58.9 cm × 43.7 cm
来自安德鲁·W. 梅隆的收藏

根据乔万尼·贝利尼所传授的威尼斯手法，景深是借助使紧靠地平线的天空发亮而表现的。在山丘的不断起伏中，可以辨别出景深的不同层次，这使得它们如此远离近景处的人物形象，从而仍然维持风景作为背景，而不使主体实际上深陷在背景之中。

圣母与圣子间的最人性的关系被圣婴的动作所表现，圣婴正欲从坐垫上起来以拥抱妈妈，并将一只小手伸进衣领的敞开处。在那个时代，耶稣最经常地被表现为全身赤裸，意在突出显示他的男性特征，而在这里却被一件红斗篷所盖，这有着相同的意味，因为红色是人性的颜色。

圣母的蓝斗篷勉强让人看见她的华丽的以一种红金两色的织物制成的上衣的一部分。与玛利亚有联系的传统颜色是:作为基督的母亲是被神性（蓝色,天空的颜色）所覆盖的妇人（红色）。金色的装饰，除了使人想到王权特性，还使在大约那个世纪末相当流行的刺蓟花的图案闪亮。

桑德罗·波提切利

《三王朝拜》约 1480

木板上胶画和油画
70 cm × 104.2 cm
来自安德鲁·W. 梅隆的收藏

这幅处于完美的保存状态的绘画无疑可推导到桑德罗·波提切利的罗马经历的开始时，他于一四八一年到达教皇西斯托四世的这个城市以参与西斯蒂纳教堂的装饰事业。正是在这个时刻，艺术家达到了自然主义渴望和对于形式抽象的倾向的最高点。《三王朝拜》的主题在这里是在伦敦的国家美术馆（1473）和乌菲齐博物馆（1475）的杰出表现之后，被这位佛罗伦萨画家第三次绘制，并且从组成结构开始再次达到了形式的完美，它将正在接受三王的敬拜的圣家庭安排在中心，处于轻微抬高和在深处的位置，在周围是被安排成一个宽阔的半圆形的朝拜人物形象的队伍；颜色的选择也有利于达到根据文艺复兴时期美的准则的完全和谐的最终效果。例如在远处看见的温柔的风景，由牧地、山丘和一直在天边消失的小路所组成，与一个没有一片云影的宁静天空相连接。

波提切利肯定在朝拜的那些人物嵌进了他当时的一些著名人物——他们后来被认出是德拉·罗维莱红衣主教家的一些成员。

三王的第三位，仍然站立着，等着能够走近婴儿并且向他呈上自己的礼物。他被描绘的那个特有的姿态是一个正在沉思的人的那种姿态，就好像他是个哲学家，这位异教的智者带着深沉的谦卑靠近这件奇迹，完全不能够理性地理解它。

在由正在崇拜的人物形象构成的半圆形之外，一个远离主要场景的神秘宁静的活跃因素，是由试图使三位国王的马安静的马夫们的场景所给予的。有两匹仍然活跃的马，被通过辔头和马嚼子控制住，但在一些优雅的动作中和通过鞍具及装饰物，显示出庄严。

在那位下跪的年老国王的姿态中没有任何新东西，除了伸长手的动作，双手拿着一条几乎是丝织品的饰带。被极轻的白纱饰带遮住的双手将要靠近圣婴。在织物的极细致的透明之下，人们能够欣赏到国王的绣着金线的华丽衣服。

桑德罗·波提切利

《朱利亚诺·德·美第奇》约 1478

木板上的胶画
75.5 cm × 52.5 cm
来自山缪·H. 卡瑞斯的收藏

朱利亚诺·德·美第奇是在那个时代掌握着佛罗伦萨大权的洛伦佐的弟弟，他于一四七八年的四月二十六日，在一次在主教堂举行弥撒的过程中，在敌对的家族德·帕齐所领导的一场阴谋中被杀害，当时他的兄弟们靠着躲进圣器室而得以保全性命。刺杀深刻地影响到了佛罗伦萨生活的平静，洛伦佐虽然经历动乱却维持了权力，他订制了他被杀害的兄弟各种不同的画像，以便公开展示作为警告。

在卡瑞斯的收藏中的波提切利的画像被认为是此后各个不同版本的原型。根据十五世纪末的肖像学准则，这位贵人的形象被表

现为有着巨大的庄严，并且某些因素符合这幅作品被创作时期的那些历史环境。年轻的严肃的脸，以及低下的眼睛和半闭的眼皮，似乎在指出它取自朱利亚诺的葬礼面模的可能性；他的后背的半开的窗子可以被视为对于死的明确的暗示，一如在栏杆上出现的那只栖在一根断枝上的斑鸠一样。

栖在一根断枝上的斑鸠在栏杆上不动，这个意在强调被折断的生命的悲惨意义的特别象征物，与朱利亚诺·德·美第奇的画像联系在一起，被以一种优雅形式表现了细致的彩色羽毛。

木板上的油画，被移到画布上
左幅 95 cm × 30.1 cm
中幅 101.5 cm × 56.5 cm
右幅 95 cm × 30.1 cm
来自安德鲁·W. 梅隆的收藏

佩鲁基诺

《基督被钉上十字架》约 1482—1484

在圣吉罗拉摩的周围充当背景的多岩石的风景中，游荡着一头狮子：这是他的肖像学属性，以纪念吉罗拉摩治好的那头被一根刺钉入爪子的狮子，它后来变成他在伯利恒的修道院里的忠诚同伴。

著名的《基督被钉上十字架》，由卡伊的主教，巴尔托罗梅奥·巴尔托利向佩鲁基诺订购，以赠送给在圣吉米涅亚诺的圣多梅尼克教堂，它不仅是对于这一福音故事的重构，更是玛利亚、圣约翰、抹大拉的圣玛利亚和圣吉罗拉摩关于基督之死的沉思。

这幅画一直留在其原始地点，直到拿破仑的征调（1796—1797），并且在很短时间就变成了俄国驻罗马大使亚历山大·米哈伊洛维奇·加利钦的收藏的一部分，由他而到达莫斯科；在一八六五年被圣彼得堡的艾米塔什博物馆购得。在一九三一年被包括进安德鲁·梅隆的最有威信的购买的作品数之中，并且成为国家艺术馆作品的最重要核心的一部分。这幅画也许被创作于紧接着艺术家罗马居留期（1481）的时期，并且表现出艺术家的完全成熟。尽管是由三个互不相同的画板构成，它却由于风景的和谐手法，表现出思想上的统一。值得注意的还有透视线的智慧运用，和对于两侧画幅上的人物形象创造地选择，他们所处的姿态回应着站在十字架脚下的童贞圣母和圣约翰的姿态。

希耶罗尼穆斯·博斯

《吝啬鬼之死》约 1485—1490

木板上的油画
91 cm × 31 cm
来自山缪·H. 卡瑞斯的收藏
（曾是维也纳的凡·德尔·赫尔斯特的收藏）

被某些人认为是一套三折画（trittico）的唯一幸存部分的这幅画表现了一个吝啬鬼从生命向死亡过渡的那个时刻，是以在 15 世纪广为人知的 Ars moriendi（垂死之艺术）的文本为基础的。这种道德教化的小作品在一开始只供教士们专用，后来就在各种不同的文化环境内相当流行，在文艺复兴时期，它将人们的注意力集中到有关好或坏地度过生命的思考上。

希耶罗尼穆斯·博斯通过提供对于一个糟糕地度过一生，并且继续拒绝被基督派来的施救的人的垂死时刻的表现，进而进入这个文化环境内。确实，垂死者将背转向守护天使，并拒绝向被放置在图画中唯一光点处的十字架看，通过伸手想要抓住被一个魔鬼呈献给他的一袋财宝，而顽固地坚持对于财富的眷恋。与这位弗朗德勒艺术家的习惯不同，场景被安排在一个被智慧地建造的室内，以便将透视的消失汇聚到这个吝啬鬼身上。这个时刻的悲剧性被各种魔鬼般的存在物的上下飞舞、被死神的毫不留情的进门时的平静和被天使的不被听从的动作表现出来。

垂死的吝啬鬼显得顽固不肯悔改：当死神从门后探头，在他身后的守护天使试图将他的灵魂带给上帝以请求原谅时，他拒绝了，并且还试图用手抓住一袋钱。

木板上的油画
201.5cm×163.8cm
来自山缪·H. 卡瑞斯的收藏

圣路齐亚传说的大师

《童贞圣母的加冕礼》约 1485—1500

这些在那个时代被使用的互不相同的乐器，它们被处理时所运用的细致手法将艺术家带到一个有教养的音乐环境中，它也许与在整个欧洲受赞赏的英国作曲家瓦尔特·弗莱的作品有联系。

圣路齐亚传说的大师（这个名称来自保存在布鲁日的带有这位圣徒的故事的，创作于 1480 年的祭坛装饰屏）的异常巨大的装饰屏有着一整套玛利亚故事的场面。这个在布尔戈斯，在布利维斯卡的圣克拉拉修道院里，被保存了四个世纪的装饰屏事实上只表现了童贞圣母因为基督而受加冕的场景和三位一体的其他人物，但是将大量的画面用于特别表现作为无垢受胎的童贞女的玛利亚，带着来自对《启示录》第十二章第一节的解读的那些属性，或者说，是将她表现为一个穿着太阳，而将月亮踏在脚下的妇人。

这个描绘让人们看到在玛利亚之上，在高处，天空的一个空隙处，有一个王座，这是她的女王的标志。在周围，一群奏音乐的天使在欢迎升上天空的圣母，吸引着对于玛利亚升天场面的注意，这种场面通常是通过在下方画着她的空墓室的场景而被表现的。众多奏乐天使的复杂表现有着特殊的意义：这使得人们想到，这位大师是从一篇献给童贞圣母的配着音乐的应答轮唱，即在欧洲各宫廷中非常著名的《天上的女王玛利亚》中获得灵感的。

科西摩的皮埃罗

《带有圣尼古拉和圣安东尼奥院长的圣母往见》约 1490

木板上的油画
184.2 cm × 188.6 cm
来自山缪 · H. 卡瑞斯的收藏

在描述由科西摩的皮埃罗为罗马的圣灵教堂内的吉诺 · 卡波尼礼拜堂而画的《圣母往见装饰屏》时，瓦萨里注释道："一直到这时，他的头脑的奇特和他对于困难事物所做的探求才被人们所认识。"因为这位师傅精确地描述了某些与真实事物极为相符的细节。尽管有着一些学院派的偏见，而瓦萨里的评判就是源于这些偏见，可以明确的是，科西摩的皮埃罗没有加入那个世纪之末在佛罗伦萨的美第奇家画家们的圈子；他更经常地根据私人订货而创作作品，倾向于新颖和那些如菲利波 · 利皮或卢卡 · 西涅奥莱利等艺术家的实验主义，由于能够在佛罗伦萨欣赏到乌戈 · 凡 · 德尔 · 戈斯在一四八三年画的《波尔提纳里装饰屏》，他明显地被弗朗德勒画家们对复原真实事物的喜好震动。

这个主题的主要故事，玛利亚与年老的表姐伊丽莎白的会晤，被在构图的中央描绘出来，相对于近景，略为退后，而在近景处，一左一右，则有着不是作为关切的观看者，而是处在研究学习姿态中的两位圣徒，圣尼古拉和圣安东尼奥院长。作品的复杂性还在于选择了在背景中展开耶稣童年时福音的那些异事，即耶稣的诞生和新生婴儿的被屠杀，两位女人的相遇是这些异事的前奏。

在圣伊丽莎白身后，无辜婴儿的屠杀可以从其悲剧性被辨认出来。根据一个伪经传说，年幼的施洗约翰能够逃脱屠杀，就是因为伊丽莎白及时逃出，将婴儿带在身边，并在一个洞穴里找到了藏身处。也许就是由于这个原因，作为预示约翰的各种困难的事迹，这个场景被画在她的身后。

在童贞圣母的背后展开的叙述细节几乎就像是一幅微型画。在一座像一个建筑侧幕耸立的巨大建筑物旁，伴着一个由多岩石的山嘴构成的自然背景，不多的人物组成了对于耶稣诞生的再现，这是在玛利亚与表姐伊丽莎白会晤后发生的神圣事件。

在与圣安东尼奥的形象对应的图画背景，一头野猪在吃草：这是他的肖像学标志之一（与在这幅画中放在这位圣徒脚边的T形棍棒和钟一起），它被归属于他是因为圣安东尼奥会的修士们养猪，以便用它的油来维护“圣安东尼奥之火”。

天主教国王的祭坛后部装饰屏的师傅

《加南的婚礼》约 1495—1497

木板上的油画
137.1 cm × 92.7 cm
来自山缪・H. 卡瑞斯的收藏

这幅画再现了根据《约翰福音》(第二章第一至第十一节）所述的耶稣的公共生活的第一个奇迹。与母亲一起被邀请参加在加南的一场婚宴，在玛利亚的请求下，为了新婚的夫妇，将水转变成酒。场面在前景被表现为有一张放满食物的桌子的构图，在桌旁坐着新婚夫妇和被邀请的客人，在客人中就有耶稣，可借助他命令仆人向酒囊里倒水的权威性的动作而被辨认出来。

作品原属于一套有着耶稣生活场景的多折画（在这些场景中有《耶稣在博士们之中》，它也被藏于国家艺术馆），并且也许是被瓦拉多利德的修道院订制的。对于婚姻联合的主题的选择也许涉及一些王家婚姻，特别是通过卡斯蒂利亚王国与奥地利家族之间的联结而对于欧洲历史有重要意义的那些婚礼：在 1496 年的胡安娜与菲力波的婚姻，在 1497 年的卡斯蒂利亚的乔万尼与奥地利的马尔盖利塔的婚姻。可证实这些假设的是天主教国王的联合省的纹章标志。这位无名的艺术家在对于木板上油画的智慧使用方面强烈地受到荷兰的影响，借助这种影响他详细描绘环境布置的各个细节，而同时，在脸部和面貌中则透露出他的西班牙本质。

GRACIA PLENA DOMINVS TECV

阿尔布莱希特·丢勒

《带着圣婴的圣母》1496—1499

这幅画是由这位德国画家为纽伦堡的哈勒·冯·哈勒施泰因家族所创作，这个家族对他友善，并且资助他的艺术创作，它的纹章在左下方清楚可见。珍贵的《带着圣婴的圣母》保持着北欧的特征，而在这些特征旁则是从他的第一次在意大利的旅行获得的意大利影响，在这次发生于一四九四年和一四九五年间的旅行中，他能够研究半岛的艺术的演变，特别是在威尼斯，与乔万尼·贝利尼等艺术家接触。

这幅《带着圣婴的圣母》，由于仍然非常传统的布局安排，其形态学其实就是贝利尼式的；同时，不缺少北欧的音调和对于现实资料还原的注意，丢勒将这一切表达为对于室内环境布置的指示（这是阿尔卑斯山外的艺术家们的典型特征），尽管还有在窗外的开阔的风景（意大利环境的更加典型的特征）。圣婴的立体感与圣母的固定的雕塑性相平衡，他的动作的活跃性也可推导到艺术家意大利绘画的研究。这幅画也是与《圣经》中罗特故事以同样元素绘制的，罗特与女儿们逃离了所多玛的毁灭，而他的妻子，由于转身向后看，被变成了一尊盐像。

木板上油画
52.4 cm × 42.2 cm
来自山缪·H. 卡瑞斯的收藏
（曾经是梯森和罗恩茨的收藏）

玛利亚的面部似乎直接来自詹贝利诺的作品，不论是由于呈现为优雅的卵形脸的面貌特征，还是由于安静和沉思的表情。然而，几乎沉重地落在头上的头巾和某些刻画线条的顽强，还有几绺差不多能够隐约看见的金黄色头发，揭示出一种明确的北欧性格。

在开着的窗子之外显示出的风景，是通过选择再现景深发展，而对乔万尼·贝利尼的一个赞颂，但它还是借助一种他自己独有的，确实是绘画的技术绘制的，同时还有对于小的叙述细节的关注，如被加强守卫的建筑物。

以一个差不多是逃离母亲怀抱的幼儿动作，圣婴在手中，几乎藏着一整只水果。这似乎是一只苹果，它在传统上被视为原罪的果实，于是在这个背景下转变成了拯救的象征，并且由此而成为对于耶稣受难的预言。

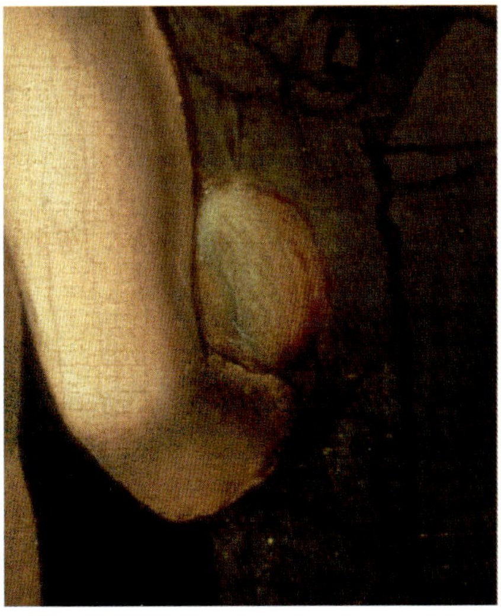

罗伦佐·罗托

《美德与罪恶的寓意画》1505

木板上的油画
56.5cm×42.2cm
来自山缪·H. 卡瑞斯的收藏

这幅画在一开始，构成主教贝尔纳尔多·德·罗西（拿波里，卡波狄蒙特）的画像的护封，那幅画像也是罗托所作。被表现的寓意画是对于被放置在一个在美德与罪恶的道德选择面前的画的观看者，或订购者的一个建议，这是根据一个来自古代的图画主题岔路口的赫拉克勒斯，并且通过色诺芬而被人文主义者们所知的文学传统。这件作品可能指出对于人的两个可能的生命选择，以及有关的结果，而不对订购者的生活事迹做暗示。

场面被一棵在中央的树，也许是橄榄树，密涅瓦的神圣植物，分为两部分，密涅瓦的存在是由挂在树干上的带有戈耳工头像的盾牌所暗示的。在罪恶的那一边有一个林神，由于饮酒过度而神情颓丧，带着两个倾倒的细颈酒罐，一个木的长勺和一只酒杯。两只酒罐中的一只装着乳，而被倒出的乳则代表着没有被带到终点的善良意愿。一片风景呈现出一片茂密的树林，一片被扰乱的天空和一片风暴中的大海，在海上一只船正在遭遇海难。从美德的一边，在订购者家族的纹章之下，一个小孩在玩着各种艺术的象征物，而在远处，另一个带翼的小孩，正登上一条陡峭的路，那路将要通向山峰之顶，也就是精神启迪的象征。

罗伦佐・罗托

《贞洁的寓意画》约 1505

木板上的油画
42.9 cm × 33.7 cm
来自山缪・H. 卡瑞斯的收藏

这幅寓意画也许有着作为另一幅画像的封面的原始功能，尽管人们还不能知道它是哪一幅画像的 pendant（对称物）。画的主题也许更容易使人想到一位妇人的画像，但是，认为这也可能是一件独立作品的假设仍然是未被证实的：如果是这样，这也许就是罗托在一五五〇年试图在安科纳拍卖的《理性心灵之画》；在风景中央睡着的少女因此就应该代表着与创造者重新结合在一起的心灵。

这幅画被画家本人重新画过，他在创作过程中，发现自己应该改变主题和重新开始：在绘画层下，可以辨认出明显不合适的另一个人物形象的痕迹。寓意的场景使 volputas（淫欲）与贞洁相对立：淫欲由那个在左边的树后探出身子的女林神所代表，她带着欲望注视着在另一侧正从一只杯子里痛饮葡萄酒的林神；而贞洁则无疑由睡在一根树干（作为贞洁的爱情的象征物）旁的少女所象征，在少女的上方，一个小男孩正撒着白色的花。在远处的风景展示出一种极柔美的光，也许是黎明的光，体现出乔勒手法的影响，并且也许接近彼特拉克的十四行诗“清新的光明和甜美的水”（第一百二十 六首）。

拉斐尔

《圣乔治与龙》约 1506

木板上的油画
28.5cm × 21.5cm
来自安德鲁·W. 梅隆的收藏

《圣乔治与龙》的第二个并且是最成熟的版本是由乌尔比诺公爵圭多巴尔多·达·蒙特菲尔特罗大约在一五〇六年向拉斐尔要求的：这应该是这位年轻的公爵通过巴尔达萨莱·卡斯提约奈之手，送给亨利七世的礼物，因为在一五〇四年，这位英格兰的国王授予他高等嘉德勋章，而圣乔治则是嘉德骑士团的神圣保护者。为证实与这些事实紧密结合在一起的这个委托关系，有紧紧系在圣乔治的甲衣的腿上的袜带这一不寻常的细节。在这条袜带上人们读到 honi 一词，是嘉德骑士团格言 Honi soit qui mal y pense 的第一个词。

作品的形式与风格因素与这样的假设相符合：首先，风景表示出一种与翁布里亚环境的高度接近，而与此在一起的，则是空间与第一层次和第二层次的人物形象（骑在马上的圣乔治和龙，与在背景处的公主）的有意识的安排，长枪的对角线与在两只后蹄上保持平衡的马的对角线的相交，颜色的象征使用，由在洞穴的黑暗处的龙所代表的恶，和作为基督教骑士之纯洁的象征的马的白色。

《圣乔治与龙》的场景中最有戏剧性的细节是被神圣骑士的长枪刺穿的龙的失败。这个丑恶的幻想动物，已经变成恶的画像，被拉斐尔象征性地再现在这个场面的最黑暗的角落里。

木板上的油画
59.5cm×44cm
来自怀德纳的收藏

拉斐尔

《科伯小圣母像》约 1505

在背景的风景里，一座小山丘之上，可看见一座教堂的建设。也许是一座乡村的堂区教堂，对于这一点，今天仍不可能找到确切的参照，或者也许是拉斐尔所画的一个建筑学练习。

一直到十八世纪末都保存在一个佛罗伦萨私人收藏之中的这幅小画，它的订购者不为人知。对于拉斐尔来说，佛罗伦萨时期对于这种主题的创作是相当高产的，确实，这个主题被市场大量需要用作婚姻的礼物，并且常常被艺术家们制作而没有一个确切的订购者。科伯小圣母像（这个名称来自从一七八〇到一九一三年拥有它的那个家族的名字），还能使人感觉到佩卢吉诺的方法，一直到一五〇〇年，满十六岁时，拉斐尔都是他的学生。如果说玛利亚和耶稣的图像，甚至在姿态上，都非常像佩卢吉诺的那些典型形象，则整个构图的布置安排显得是完全独特的。在拉斐尔的画中，两个人物形象并不完全占领可支配的空间，而是略为后退，从而许可一个更加宽阔的并且朝向风景深处的视野，风景仅仅被一道栏杆与人物分隔开，这道栏杆也许是对于被保护的花园的象征意义的一个古老纪念，童贞圣母和圣婴在这个花园里。还有非常家庭化的动作似乎帮助观察者接近主要人物，而他们则带着谨慎向画面之外看。

拉斐尔

《黎明圣母》约 1510

木板上的油画，被移到画布上
直径 94.5cm
来自安德鲁・W. 梅隆的收藏

《黎明圣母》是保存在美国的最精细的拉斐尔作品。它上溯到罗马时期，并且，也许是根据保罗·乔维奥的请求而为诺切拉·德·帕加尼的橄榄园山教堂创作的。按照文艺复兴鼎盛期的几何学爱好，人物形象群被插入一个圆圈里以追求和谐的完善：玛利亚、圣婴和圣约翰被安排为一个金字塔形状，并且决定着周围的空间。和《谦卑圣母》一样，玛利亚坐在一片草地上，倚靠着一根老树干，而不是坐在富丽的王位上。三个人物形象的目光都朝向孩子们的玩具：耶稣从小圣约翰手中拿过他的捆扎成十字架形状的长棍，以指示他后来为了人们的救赎而做的有意识的牺牲。场面的宁静气氛是通过黎明的光而被拉斐尔获得的，这个光奇迹般将童贞圣母的衣服的色调与肉红色联合在一起，并且加入到背景风景的柔和之中。

这幅圆形画像在一六八六年被卖给了奥利瓦莱斯公爵，并一直留在他的家庭收藏之中，一直到一八二〇年；后来经由另一些出售，于一八五五年，进入了圣彼得堡的艾尔米塔什博物馆；在一九三一年被列入由安德鲁·W. 梅隆购买的作品之中。

两个神圣儿童的游戏是严肃地绘制的：两个小男孩与童贞圣母的表情并不符合一个游戏的娱乐性，因为耶稣的想要拿取约翰的捆扎成十字架形的棍子的动作，有着一个明确的意义，即指出基督对于他的为了人类得救而受难的有意识接受。

背景处的柔美的风景在远方，在一片树林之后，揭示出一些房屋，然后是山丘渐渐离开人们的视线，最终与天空结合在一起：人们看见的给那些短云画出边界并照亮它们的白色的光，定义了以均匀的方式充满整个构图，同时将各种色调搭配结合在一起的黎明。

玛利亚手中拿着一本小书：是一本日常祷告用的日课书，这成为她的肖像学特征，就像“智慧之座”一样。书是合着的，但童贞圣母一个手指夹在书页间地拿着它，准备着重新打开并重新做祷告。一层极精细的白纱柔和地包裹着它。

乔尔乔内

《牧羊人的崇拜》1505—1510

木板上的油画
90.8cm×110.5cm
来自山缪·H. 卡瑞斯的收藏
（曾是阿伦达尔家的收藏）

在这幅画中被查明的高价值肯定了将它归属于乔尔乔内的推断，这已经被批评界一致接受。作品的诗意是完全精神性的，引导观看者接近圣婴被童贞玛利亚、年老的圣约瑟夫和两个牧羊人崇拜的主要场面，两个牧人中，第一个已经虔诚地跪下，第二个正在行礼。对于崇拜的讲述通过被极端的注意引导到对那些在动作、数量和在角色上都是极为重要的人物来表现。从洞穴的深处走出驴子和牛，根据肖像学传统，它们勉强能被看见，而同时，长着白而浓密的胡子的圣约瑟夫被谨慎地安排在第二个层面，带着双手相握做祷告的简单动作：在他的形象上，决定着衣服褶裥的光的效果是非凡的，以它的美强调了与牧人的被扯破的粗呢衣服的对照。给予整个作品以轻松气氛的柔美风景并没有达到《暴风雨》（约一五〇六年，威尼斯，学院美术馆）的效果，因为它仍然更加接近于乔万尼·贝利尼的某些方式，一种坚实的绘画基础和在一种正在接近日暮的光亮中朝向天边渐渐消失的那些山丘的观察，就是来自贝利尼。

两对智天使的头悬空“漂浮”在勉强处在洞穴的黑暗凹陷处之外的空中，略在两个牧人的上方：他们是整个作品的唯一的超自然因素。在大自然如此巨大的诗意面前，作为极小的天上的造物，他们仿佛真实而谨慎的存在，似乎没有人注意到他们。

在风景中能够见到在山丘之间有一些高的建筑物，肯定是些为画家和当时的观看者所熟知的建筑物：这是一个有助于使神圣场景变得更加亲切的风景。在画的两边充当框架的灌木和树木，在细致描绘方面，使人感觉到列奥纳多方法的影响。

婴儿耶稣不再是躺在马槽中（由天使给予牧人们以便他们能够认出他来的标志），而是躺在地上，在一块白布之上，而白布则被放在童贞圣母的斗篷一角上的柴捆上。他是赤裸的，比来崇拜他的穷牧人还要穷，神态自然，似乎是在玩那块白布。

马蒂亚斯·格吕内瓦尔德

《小的耶稣受难画》约 1511—1520

布上的油画
61.3cm×46cm
来自山缪·H. 卡瑞斯的收藏

双手交握并朝向上方的约翰的动作是基督受难场面的肖像学传统的典型动作，但在这里，它被以一种非自然的和几乎痉挛的扭曲所夸大，就像是由巨大的悲痛导致的一种畸变。

格吕内瓦尔德的保存在美国博物馆中的唯一作品在十七世纪时得到“小受难画”这个约定的名字，为的是将它区别于后来的更加有名的，为巨大的伊森海姆祭坛装饰屏而画的“受难画”，但这一幅可能是它的一个早期的尝试。小型画展示出了这位德国画家的极高的表达能力，它以强有力的精神性成功地体现了对于战胜死亡的基督之胜利的信任，和对于为了人类的得救而付出的极大牺牲的深刻怜悯。

艺术的颜色选择与目的完全相符，夸张了基督的受苦并消瘦的身体的现实主义特征。在一个非现实的并且非常暗的背景之上的光，差

不多以侧射的方式沐浴着场面中的人物，符合与福音资料相符的再现事件的必要性：在耶稣死亡时天空不自然地变暗可能在这里来自对于真实的注意观察，因为在德国，在一五〇二年的十月，发生过一次日食。在场者们的被强调了的动作也以强烈的独创性被表现出来，达到一种面对场景的不可避免的深刻感动。

木板上的油画
46 cm × 34.9 cm
来自山缪·H. 卡瑞斯的收藏

罗伦佐·罗托

《耶稣诞生》1523

用于私人虔诚的这幅小画由于一些肖像学上的原因，被推导到一个宗教环境中，它接近于玛利亚之仆修会的皮亚钦察的吉罗拉摩·卡斯特罗修士的讲道，以及随后的一所圣约瑟夫学校在贝尔加摩的形成。确实，这幅《耶稣诞生》的构造表现出与圣约瑟夫崇拜有关的某些新的面貌，也许是第一次（至少对于罗托来说是如

此），圣约瑟夫被放置在与童贞圣母相同的层次。约瑟夫对于玛利亚和对于耶稣的关心在这里似乎由一束柴捆和一只小木桶的存在所预示，这些都是向埃及逃亡的标志。无论如何，耶稣被推定的合法的父亲在这个场景中使家庭画面的和谐得到完成，对一个有着非凡而新鲜的活跃性的婴儿表示崇拜。

借助一些反射图研究，这幅画的诞生过程被重构，在一些不同的点上，它有一些突然的改变，以利于用一个非常清晰的方式完善其神学意义。特别是，在约瑟夫身后的背光处的墙，是在最后时刻被添加上的，部分地关闭了风景，并且充当基督的地上生活的最后行动的标志十字架的支撑物。

在画家想要给予作品一个非常家庭化和亲密的气氛的意愿中，婴儿耶稣非常活泼，他躺在一只由柳条编成的篮子里，而在最初起草时，他是赤裸地躺在地上，仅仅靠在一块小床单上。

贝尔纳尔第诺·路易尼

《抹大拉》约 1525

木板上的油画
58.8 cm × 47.8 cm
来自山缪·H. 卡瑞斯的收藏

抹大拉的玛利亚被表现得拿着一只圣器盒，像是个香料瓶，以用于为基督的尸体涂油这一虔诚的行动。这幅画被红衣主教费德利科·波罗梅奥购得，成为他的收藏品，从他这里，经由这位红衣主教本人的赠予，于一六〇七年进入安布罗西奥的美术馆，留在那里一直到一七九六年。在《博物馆》一文中，费德利科红衣主教对收藏品做了一番细致和饱含感情的描绘，并带有对于作品的相关的美学评论，在这篇文章中，这幅画很受重视："专家们认为在当今的艺术中人们不可能找到任何或几乎任何更美的东西"；甚至说"路易尼的抹大拉是那样地充满精神和生命，它使得由提香画的同一主题的画显得不再是个女人，而是有着一张无血色的脸的精灵"。在历史上，这幅画就已被注意到与列奥纳多·达·芬奇有一种联系，然而这是研究者们的一个假设，通过这个假设人们倾向于认为这幅画可能摹仿自列奥纳多的一幅已经丧失了的原作。另外，并不缺少与那些和列奥纳多同时的大师（波尔特拉菲奥或索拉里奥）的强有力的联系，与那个时代有着关系，在那个时期里，路易尼对于这位托斯卡纳大师有着特殊的兴趣，在列奥纳多死后，大约在一五二〇年，他将他的遗产弄回意大利，同时带来部分他的重要的绘画作品。

乔万尼·贝利尼与提香

《众神的宴会》1514—1529

布上的油画
170.2 cm × 188 cm
来自怀德纳的收藏

《众神的宴会》是埃斯特的阿尔丰索一世为费拉拉城堡中的雪花石房间而要求制作的系列作品中的第一张画。被向乔万尼·贝利尼要求的神话主题与那些有着一个异教主题的创作不同，是来自奥维德的 Fasti（一部长诗），它也许经过了马里奥·埃奎科拉的解读，那个时代他在费拉拉的宫廷里。画作表现一个由巴库斯神主持的宴会，在宴会上，男性生殖力和葡萄之神普里亚波斯徒劳地试图引诱宁芙洛蒂；由于酒的原因而睡着的宁芙就在这位神揭开她的衣服时因一头驴子的叫喊而醒来，断然将他推开，导致高傲的普里亚波斯提出每年献祭一头驴子的要求。贝利尼以威尼斯文艺复兴盛期的利用阳光的和平静的方式，以一种幸福的颜色铺展和某些珍贵的来自弗朗德勒影响的细节（签着他的名字的酒桶，石灰石的盆和碗，小巴库斯用来盛酒的水晶瓶）来对待这个主题。费拉拉公爵却不感到满足，他请求提香对这幅画的风景进行干预：在左边，以岩石和茂密的灌木代替贝利尼的空旷的树林，而使风景变得有戏剧性；某些人物对于所涉及的主题而言，过于端庄，后来被脱去了衣服。

joannes bellinus venetus

小汉斯·荷尔拜因

《年幼的爱多阿尔多六世》约 1538

木板上的油画

56.8 cm × 44 cm

来自安德鲁·W. 梅隆的收藏

（曾在汉诺威王国及公国的收藏内）

爱多阿尔多六世是英国国王亨利八世非常喜爱的儿子和唯一男性继承人，和所有国王家的那些最重要的人物一样，他被汉斯·荷尔拜因画像，这位德国艺术家在一五二六年迁居到英国，在那里他很快变成宫廷画家。描绘大约十四个月大的爱多阿尔多王子的这幅画也许是被荷尔拜因创作了以便在一五三九年的元旦作为礼物送给国王的。这位王位继承人，生于一五三七年的十月十二日，尽管有着幼小的年龄，却被根据那个时代的那些通常只为神圣人物形象或王家人物形象保留的画像法则来表现：首先，对象的姿态，绝对正面的面部，在一道栏杆的后面，以及人物的身材。被从右边上方照亮的各个表面使织物的珍贵性变得明显，对于这些表面的特别处理和深度层次的杰出交替，加强了这幅幼儿画像的正式性。在这幅画中，儿童的问候动作显得受到抑制并且不真实，与小男孩的固定的和不够乐于交往的表情相伴随。写在下方的拉丁文诗是宫廷诗人作品，它劝勉这位亲王提升自己到达君主们的那些最高的能力，这是一个后来添加的元素。

提香

《照镜子的维纳斯》约 1555

半裸的，但是以微妙的庄重动作遮蔽自己的维纳斯转身朝向一面镜子，在镜子里，可以部分地看到她的被反射的形象，她身边有丘比特和另一个小男孩，他试图以一个花冠给她戴上。在文艺复兴时期，人们给予一个在镜子中看自己的人物形象这样主题以特别的关注，这是个已经受到钟爱的爱情诗的主题，在诗中，诗人嫉妒镜子，它因为能够享受到被爱的女人的光彩形象而是幸福的。对于表现照镜子的维纳斯的选择重新进入了提香创作的古代世界和古典神话之中，尤其是在他的罗马居留时期（1545—1546）之后，在那段时期他与古代神话有着直接的接触。

照镜子的维纳斯的原始主题（后来对于众多别的艺术家来说是灵感的源泉）也许可能与他的女儿拉维尼亚的婚姻有着关系，这个主题后来被提香画为多个不同的版本，在这众多版本中，只有这一幅留了下来，对于它，大师肯定特别喜爱，对其成功完全满意，并且将它带在身边，一直到死。最后，镜子这个策略被大师杰出地使用到对于通常受私人委托而作的普通女性形象的自如创作和完全发挥。

布上的油画
124.5 cm × 105.5 cm
被小蓬波尼奥卖给巴尔巴利科家，
后来被卖给沙皇尼古拉，最终进入
安德鲁·W. 梅隆的收藏

为这个维纳斯充当模特儿的，就其庄重地遮蔽赤裸身体的动作而言，应是一件古代的雕像，它也许在罗马受到欣赏，后来属于美第奇家族。但是这个充满着生命和性感，有着在一个中性底色上画出的明亮的肉色的形象，其描绘方法则是全新的和现代的。

小丘比特付出了明显的努力以便在女神面前举起镜子。提香的最美的发明是向我们部分地展示了被反射的形象，通过它我们从两个角度看见维纳斯。似乎是画家想要表示他对于绘画的首要地位的看法，即绘画完全能与立体的雕塑相媲美。

丘比特的站立不稳的双脚陷在一个丝绸靠垫上；在近处有他的肖像学标志箭袋，装有两种箭，用来使人爱和使人逃避爱。提香的值得注意的对颜色的研究在各种红色的相互接近表现出来，从褐黄色的毛皮到斗篷的绒毛，到箭袋的较少加工的红色。

雅科波·巴萨诺

《向牧人们的宣告》约 1558

布上的油画
106.1 cm × 82.6 cm
来自山缪·H. 卡瑞斯的收藏

站立的牧人观看着神圣信使的意想不到的光明显现。微微前倾的姿态创造了一个指向天使的想象中的对角线，在天使身上，通过颜色和光照的作用，也被提示了牧人的目光。

雅科波·巴萨诺的《向牧人们的宣告》是福音故事与一个田园诗场景的融合的成果，并且是处于这位艺术家的经历的开始时，他此时正要给予这种新的《圣经》—田园画形态学一个表现形式。正是在这个时刻，雅科波·巴萨诺摆脱了方式与自然之间的争执，发现了一条自己寻求的最自然的绘画方式的道路。这件作品讲述由天使给予那些在夜里看护畜群的牧人的关于耶稣诞生的宣告。这个肖像学主题在拜占庭的艺术中非常流行，并且在中世纪，也在西方非常流行，而在文艺复兴时期，却被驱逐到圣诞或牧人崇拜的次要事件中。巴萨诺使之成为画的主要主题，并在处理的同时细致地探究所有方面。牧人在面对神圣事物时的不安通过颜色的特殊处理，通过表现白色和月亮那给予夜晚一种超自然的和精神性的强调的冷光，隐隐地表现出来，并且引导观看者去探求这样一种启示的来源，而它就来自天使的周围。

布上的油画
117.1cm×169.2cm
来自山缪·H. 卡瑞斯的收藏

丁托列托

《基督在水上行走》约 1575—1580

在水上向前走的基督的坚实形象变成平静和面对信仰不肯定时的坚定的象征，信仰的不肯定由众使徒的船所代表。在背后和左臂上的极白的冷光，如同逆光一样，在耶稣的周围创造了一种强烈的光亮，几乎就是使徒们相信自己看见的幻象。

这幅画给予基督在提贝里亚斯湖上向使徒们显现这一福音故事的一个戏剧性的和支持的解释。讲述的确切时刻就是那个仅仅被福音作者马泰提到的时刻，在那个时刻，彼得请求耶稣让他也能够行走在水上去与他相遇，并且带着最初的信念下了船。耶稣的动作与他向彼得发出的邀请“来吧！”相对应。

正如福音书所描述的，当时已经是夜晚的结束时，湖中的水已经上涨，使徒们的船被浪摇撼：这幅画以巨大的描绘力量还原了浪潮的力量，展示出受风控制的小船、被在水上和在整个风景中的低垂的云上的熟练的白色光点衬托出的黑色的夜晚。是同样的光以侧照的方式照亮在图画右侧的那些树，并且突出了左边的基督的形象。由于作为这幅画的特征的表现主义暗示力量，批评界长时间不能确定是不是应当将这件作品归属于埃尔·格列柯，但是完美的绘画手法和基本的颜色使用，特别是在天与水的色调上，将正确的原作者权带回到威尼斯人丁托列托这里。

埃尔·格列柯

《从神殿里驱逐商人》约 1570

木板上的油画

654 cm × 832 cm

来自山缪·H. 卡瑞斯的收藏

以一条绳子做的鞭子从神殿里驱逐商人的基督的形象，与马太和路加的福音资料相符。虽然处在场景的中心，埃尔·格列柯仍未成熟的颜色处理方法没有使作品得到他期望它有的效果。

在他的持续十年的意大利居留期间，克里特人多梅尼科·泰奥多科普罗斯做了两个主要的重大停留，先是在威尼斯，后是在罗马。他的一五七七年之前的作品不论从形式的视角还是就主题的选择与解释而言，都令人感到受意大利艺术的学习的影响。

《从神殿里驱逐商人》肯定于一五七〇年左右创作于意大利，也许是在威尼斯，这是六件研究这个主题的亲笔版本中的第一次尝试，被四位福音作者都讲述过的这个故事，在天主教改革的环境下，获得了教会洁净化的意义，并且因此而非常受重视，并且更多次地被提出来。构图结构明确地透露出根据意大利大师们的教学而对于透视消失的研究，

而确实有着威尼斯来历的是所用的色彩，特别是在对于颜色变化的应用上，它给予织物多变的光辉。然而，这件艺术表现仍然需要加工，因为在中心的那个人物群显得混乱，在这里，使基督显得突出的意图并不明显，他的胭脂红色的衣服没有足够地在围绕着他的那些暗色调中显露出来。

布上的油画
193.5 cm × 103 cm
来自山缪·H. 卡瑞斯的收藏

埃尔·格列柯

《圣马尔提诺与穷人》1597—1599

骑在一匹白马（也许是纯洁和仁爱的象征）上的圣徒身穿一套十六世纪后半期西班牙式样的优雅的甲衣，在斗篷的一角之下，显露出被风吹拂的裤腿。

这幅画是受马尔丁·拉米雷斯请求为托莱多主教堂的圣荷塞礼拜堂而作的，拉米雷斯想要在装饰礼拜堂的各个祭坛的那些作品中插入一件献给他自己的神圣保护者马尔提诺的虔诚赠品，而马尔提诺也是十六世纪后半期的一个很受赞成的主题，因为在反改革的环境中，他被选为基督教仁爱的象征。画家从容地向他的时代讲述了图尔的马尔提诺的传记中一件著名的事：罗马城市亚眠的驻地的这位士兵遇到一个赤裸的穷人，他向穷人施舍，将自己斗篷的一半用自

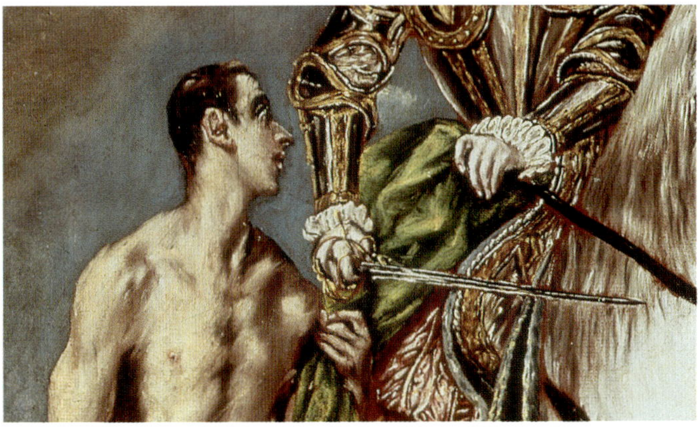

己的剑割下送给他。这个故事的后续是在随后的夜里，基督在他梦中的显现，他认出基督就是那位受到帮助的穷人，并且穿着那件斗篷。在画中，两个人物被埃尔·格列柯以一个从下方的视角加以处理，以至于被安排在一个被加高的层面上，人物形象在这个层面上庄严地显露出来。在背景中是对于作品创作的地点和时刻的另一个提示，也是记录，即基督教的美德是没有时间的：这里不是亚眠的城墙，而是画家所选择居留的祖国托莱多的一处风景，有塔戈河上的阿尔康塔拉桥。

埃尔·格列柯

《拉奥孔》1610—1614

布上的油画

137.5 cm × 172.5 cm

来自山缪·H. 卡瑞斯的收藏

埃尔·格列柯的作品总目中一件独特的作品，就是这件神话主题的作品，它讲述拉奥孔的悲剧故事。希腊人退兵后，巨大的木马被运进城，这位特洛伊人，阿波罗的祭司，反对人们将它运进城，随后，他与他的儿子一起，被从海中冒出到面对着特洛伊城的海滩上来的恐怖的蛇撕碎。由阿波罗神因其渎神而加给拉奥孔的惩罚，起到了这样的作用，使特洛伊人相信，正是他反对接受木马的意见为众神所不赞同，这成了特洛伊人失败的原因，使他们成为希腊人的阴谋的受害者。这个对于十六世纪末的西班牙而言绝对不常见的主题，其创作的启示，就是希腊化时代的拉奥孔雕像于一五〇六年在罗马被发现，但是在这里，则是被用绝对的自由加以处理的，在画中，主人公显得已经跌倒在地，而不是站着进行搏斗，这使人想到米开朗琪罗对于美第奇墓上的《黎明的女神》安排的姿势。风景将人引向画家所居留的祖国托莱多，在一片被扰乱的不真实的天空下，人们能认出铰链门。这件未完成的作品在颜色的选择和形体的处理方法上表现出埃尔·格列柯在其生命的最后时期所达到的模仿主义。

这件作品中，所有赤裸的身体都通过光的运用而塑造得有些神经质，根据埃尔·格列柯发展到极限的手法表现主义的美学法则，光的运用赋予简洁的身体以非常流动和扭曲作用的明亮的肉红色。这个有着小小的并且伸向后方的头的形象，他的紧张，在姿态中表现出古典的影响。

充当这个悲剧场面之背景的城市是神话中的特洛伊，它被藏在托莱多的外衣下，人们能够认出一些属于托莱多的高大建筑物和铰链门，一匹巨大的马正走向铰链门。这马象征着被希腊人出于诡计而造的巨大的木马，特洛伊人认为它是个礼物，将它运到了自己的城市里。

一些人物无力地看着这个悲剧。他们中的一个是未完成的，甚至带有两个头。并不清楚这是不是密涅尔瓦、夏娃或潘多拉，但它使画家的犹豫不决变得明显可见，他不知道是不是要将他表现得与旁边的人物动作一致，也就是惊愕地观看着悲剧，或者创造一个对照，转向一边，为的是不观看。

彼得·保罗·鲁本斯

《德齐乌斯·穆斯向军团说话》可能作于1617

木板上的油画
被移到了布上
80.7cm×84.7cm
来自山缪·H.卡瑞斯的收藏
（来自维也纳的列支敦士登美术馆）

这幅小的草图是弗朗德勒画家彼得·保罗·鲁本斯保持的与布鲁塞尔的挂毯编织师傅们的重要合作关系的见证。这幅木板上的草图是为热那亚的商人弗朗科·卡塔奈奥向艺术家要求的那些挂毯充当其草图的模型，根据这位委托人为了一个必须表现执政官德齐乌斯·穆斯的故事的挂毯系列，而与著名的织毯工人杨·拉埃斯和弗朗斯·斯维尔茨订立的一项合同。根据贝罗里的证词，在这种情况下，鲁本斯也许提供了一个在木板上的样本，他觉得这种技术比起其他的技术来更加便利于小型的作品，以便交给他的合作者们用于草图的制作，而后这些草图将被送往布鲁塞尔。也许是安东尼·凡·戴克根据老师的样本完成那些草图。场面表现萨姆尼特战争中的一件事，即执政官德齐乌斯·穆斯牺牲自己，单独朝着敌人走去，以求获得众神的佑助，这是因为一个梦，在梦中，一个巨人透露，只有以这个方法，战争才会转而有利于罗马人。被鲁本斯加以不朽化的时刻是这位执政官向军队讲述战役前梦的揭示。

执政官德齐乌斯·穆斯在战斗前向他的军队讲话。他的坚定的动作标示出这位战士的力量和借助梦中的揭示而获得的对于自己一方有神力帮助的意识。证明这一切的是尤皮特的象征鹰在他的身后。

布上的油画
153cm × 120cm
来自安德鲁·W. 梅隆的收藏

安东尼·凡·戴克

《伊萨贝拉·布朗特的画像》1621

在最初的一段在亨德利克·凡·巴伦的画室中的学徒期后，凡·戴克变成了那个时代欧洲最重要的画家彼得·保罗·鲁本斯的学生，并且很快就显示出自己是他的学生中最好的，

不论是在宗教题材的作品上，还是在画像上，这是当时特别受到欢迎的主题。在这幅画中被画的夫人伊萨贝拉·布朗特是他的老师的第一位妻子，已经被许可进入画家行会并且已经被解除监护关系的青年凡·戴克画她的像是为了在出发去意大利之前不久将它送给老师。

坐着并呈四分之三侧面的人物形象被安排在一个真实的场景中，即鲁本斯在安特卫普的宫殿，这座建筑是他自己设计，作为荷兰的最早的受到古典主义启发的建筑物之一而著名。在背景中能认出一个意大利式的花园，它在安特卫普也是非常受欣赏的。带着热情的关注，画家通过在夫人身后插入一尊密涅尔瓦女神的雕像而向夫人表示敬意。其意愿是要赞美伊萨贝拉·布朗特的美德和优点，竟然将她与智慧女神相比。在画像被创作的三年后，一六二四年，伊萨贝拉去世。

伊萨贝拉·布朗特，一个人文学者的女儿，于一六〇九年与画家彼得·保罗·鲁本斯结婚，与他一起过着幸福的生活，两个女儿（还有一个夭折的女婴）的出生给他们的生活增添了快乐，她在三十五岁时，因病而猝然去世。

奥拉齐奥·真蒂莱斯基和乔万尼·朗弗朗科

《圣切齐利亚与一个天使》约 1617—1618 或约 1621—1627

布上的油画
87.5 cm × 108 cm
来自山缪·H.卡瑞斯的收藏

根据一些最新的研究，这幅画可能是由奥拉齐奥·真蒂莱斯基在一六一七年左右开始为罗马的贵族纳塔列·隆第尼而创作，几年后，在一六二一年后，由乔万尼·朗弗朗科重新创作并完成。这幅画表现了一位正专注于弹一架可携带小型管风琴的年轻圣女切齐利亚，同时，一位天使，根据一个著名的卡拉瓦乔式主题，为她举着一张谱纸，这一切又一次重新出现在奥拉齐奥创作的一个非常近似的作品中（佩鲁贾，翁布里亚国立美术馆），而切齐利亚和天使的形象则被认为与艺术家在一六一五年到一六一九年间画的乌尔比诺的《罗马的圣弗朗切斯卡的幻象》中的童贞圣母和天使的形象有关系。华盛顿的这幅画因此可能开始于乌尔比诺的祭坛装饰屏之后，随后被放弃，而同时，艺术家却完成了一件新的和非常近似的作品，也就是佩鲁贾的那件作品。这是一个复杂的重构，它使人们能够理解奥拉齐奥最后那些年的艺术经历，他习惯于借助一些通过模仿原始作品而完善的预备图案而重复他自己的那些最成功的创造。于一九五二年进入山缪·卡瑞斯收藏的这幅画有着极高的品质，仅仅是借助于反射照相术的测定，两个不同艺术家的干预才能够被区分出来。

被表现为不戴帽、有着根据当时的时尚细心地梳理成辫子状的发式，圣切齐利亚的细腻的面部用了在奥拉齐奥·真蒂莱斯基一六一五年和一六二〇年间的作品中流行的一种女性面部类型。面部注意力集中，旨在表达一种接近出神的精神状态。

以一个使人想到卡拉瓦乔的动作（《在逃往埃及途中的休息》，多利亚·庞菲利美术馆，罗马），目睹圣女出神时刻的天使举着一页带有一些音符的纸。他对于集中精神演奏的圣女的崇敬表情，显露出孩童的细腻的情感。

有着尖手指的小手（从中世纪开始就是精神性的象征）在可携带管风琴的缩小了的键盘上移动。变成了音乐家的保护圣徒，并且就肖像学而言本身也是音乐家的圣切齐利亚通常被表现为正在弹奏。在那些最有代表性的乐器当中，总是有一架小管风琴，这是深刻虔诚和个人信任的象征。

安东尼・凡・戴克

《格利马尔第侯爵夫人像》1623

布上的油画
242.9 cm × 138.5 cm
来自怀德纳的收藏

具有社会地位代表意义的画像是热那亚侯爵尼古拉·卡塔奈奥的妻子格利马尔第侯爵夫人的画像。它属于凡·戴克在意大利时期创作的众多贵族画像之列。在这个时期，他从热那亚旅行到佛罗伦萨和罗马，并且在这个时期里达到了他艺术生涯的顶点。他的一生中，正是众多热那亚画像代表着他的题材广阔的创作的最高点。

贵妇被画出全身像，同时使用一个从下向上的视角，意在首先指出其身份的高贵。服装和姿势，还有她在画中被表现的处境，都有助于证实她在这个意义上的伟大性。确实，这位夫人在她自己的属于仿古典式建筑的优雅宫殿的门廊里散步，宫殿开向一个茂盛的大花园，紧贴着地面的在台阶之外的光照亮着花园。一个黑人仆人陪伴着她，用一把红色的阳伞保护着她，伞的颜色制约着艺术家的某些形式选择。确实，衣服的袖口被不寻常地画成红色，并不是与浆硬的白色褶皱式衣领形成对称，而是与阳伞的色调呼应。最后，妇人的严肃的目光和她的尊贵还显得被陪伴她的仆人的紧张的目光所肯定。

被放置在妇人头部后面以保护其有着白皙皮肤和鲜艳的红色脸颊的面部的红色阳伞的宽大的颜色晕圈，不仅在构图中给予一种对比的活跃性，还强调了贵妇人的重要身份和社会地位，同时为其面部构成轮廓，并对形象进行安排布置，仿佛她被一个巨大的日晕环绕。

仆人的形象被巧妙地根据已经存在于别墅门廊的建筑背景中的平静色调而塑造。这个以快速的脚步跟着贵夫人的年轻人，只是部分地被她的形象放置于阴影中：在那些被光覆盖的点（这些点的一部分是在宽大的白袖子上），在身体的左侧和在金色衣服的右肩，人们注意到一些令人惊奇的反光。

在一个有着朴素古典花样的栏杆的尽头，可以稍稍看见一段下降到贵族府第的茂盛花园的台阶。为这幅画所选择的光是金色的，并且是贴着地面的，于是使人想象在一个接近黄昏的时间，在一番纷乱之后，光在树木的叶簇上明亮地闪动着，在下方的寒冷的绿色上画出耀眼的反光。

尼古拉斯·普桑

《圣母升天》约 1626

布上的油画

134.4 cm × 98.1 cm

来自埃尔莎·梅隆·布鲁斯基金会

童贞圣母玛利亚在死后被众天使带着，灵魂和肉体一同升天。圣母崇拜的主题在这里来自《启示录》文本的某些段落，它们讲述了玛利亚死后，在她的坟墓旁守护着她的众使徒，在某一个时刻看见坟墓已被打开并且是空的，而这时童贞圣母被一队天使带到了天上。这个故事被普桑以一些绝对是古典的格式加以处理，它们构成故事的版面：首要的因素是两个巨大的带沟槽的柱子的柱身，人们看见了它们的底部，但是被云覆盖的柱头则一直被藏着，从而让观看者想象它们向上升到一个无穷的空间。石棺的结构也是古典的和简单的，在石棺上随便地放着玛利亚的裹尸布。在这里没有使徒围绕着石棺，而

是一些小天使和没有翼的小男孩在向石棺撒花，使人想起《启示录》的文本，它记录了在已经空了的坟墓中，人们看见开出一些极香的花。这件作品的巴洛克特征是普森到达意大利后所学习的，并且被他刚刚在永恒之城定居下来的那些年里所实验的古典主义所调和。

一个将满手的花撒在刚刚升到天空的玛利亚的空石棺上的小男孩使人想到古老的《启示录》文本，根据这个文本，人们看到空的石棺被新鲜的香花充满。孩童天使的在场和他们动作的柔美常常回到那些巨大的巴洛克装饰中。

布上的油画

219.1cm×134.8cm

来自山缪·H. 卡瑞斯的收藏

安东尼·凡·戴克

《王后恩利盖塔·玛利亚与杰弗里·赫德森爵士在一起》1633

这幅画被创作于安东尼·凡·戴克的英国时期，这个时期开始于一六三二年，他作为王宫中的客人，一直到一六四一年。王后恩利盖塔·玛利亚，查理一世之妻，路易十三之妹，在这里被表现为与杰弗里·赫德森爵士在一起，这是她的十四岁的侏儒和亲信。两个人物之间的绝对的不成比例有力地强调了这位年轻夫人（她当时有二十二岁）的身材被侏儒的矮小身高衬托出的高大。虽然被画出全身像，王后恩利盖塔并不穿着一身仪式或接待用的衣服，而是一身极优雅的缎子猎装。属于她的王家标志——王冠，被放置

在一旁的一块绸缎上，而在她背后有一棵珍贵的来自异域的橘属植物，它被插在画中以象征纯洁和爱情。与这一象征进行对照的是一只小猴子，根据史书，它属于侏儒杰弗里。通常猴子是情欲的象征，它被王后温柔地将手放在它头上这个动作所平静和抑制。

侏儒杰弗里·赫德森爵士是个对于英国宫廷忠诚的人物，他在英国内战爆发时将国王一家安全地带到了法国。虽然还处于孩童的状态中，就已显露出对王后虔诚服从的目光。

伦勃朗和戈维尔特·弗林克

《穿东方服装的男人》约 1635

布上的油画
98.5 cm × 74.5 cm
来自安德鲁·W. 梅隆的收藏

这个人物展示了伦勃朗在三十年代达到的成就：对于技术手段的掌握，它使他能够最好地表现帽子的质地和羽毛，另外还有细致的心理探究。

伦勃朗于一六三一年到达阿姆斯特丹，不久就作为一个达到了特殊成就的肖像画家而闻名。在那个世纪的第四个十年，他的创作中有数量众多的历史题材的绘画，这幅《穿东方服装的男人》就在这些作品中。这个时期的画作，也许开始时是带着为将来创作《圣经》主题作品进行形象学习的功能而创作的，呈现出一种细致，完全可以变为一个真正的独立种类，在这个种类里，大师第一次实验在布上作油画的技术，同时渐渐放弃了对于木板的使用。

画中这位身份不明并且由于确切标志的缺少也不能被推导到一个确切故事的人物，被画成上身呈四分之三侧面，而面部为完全正面。从中

性的底色产生出一种珍贵的光亮效果围绕着人物形象。肖像学的研究是相当细致的，不论在织物的真实质地、头巾或珠宝（照亮着人物的上衣的项链）的闪亮品质的还原方面，还是在仔细的心理探究方面，伦勃朗在那些年在这些方面表现极为突出。

布上的油画
74 cm × 60 cm
来自安德鲁 · W. 梅隆的收藏

狄埃戈 · 贝拉斯盖斯

《缝纫女工》约 1640—1650

在 17 世纪的第五个十年，从一六二三年起就在菲力波四世的宫廷里成功的画家狄埃戈·贝拉斯盖斯主要致力于国王家族和他周围的人的正式画像的创作。这样的工作没有阻止他，即使仅仅是为了学习或为只为了个人的高兴，投身于画一些不怎么正式的，使他能够从正式画像所要求的严格法则下解放出

来的对象。被带着疑问认为是他的女儿弗朗切斯卡的正在缝纫的妇人，是画家去世时在他的画室里的一件未完成的作品，以“正在缝纫的妇人的头部”一名被登记在财产清单之中。家庭性的主题似是受到同时代的荷兰绘画的启发，荷兰绘画在房屋内部常常表现正专心于劳动的妇人的图画；这并不像是艺术家想要赞美女性的美德，而主要是试图更深入地研究一种以颜色化为碎片和变为液态为特征的绘画技术。未完成的画像使人们能够认识贝拉斯盖斯的进展方式，他用一种以土黄色调为基础的底色准备这幅画，这种土黄色调在靠垫上可以看到，随后以快速的黑色笔画继续画轮廓，以便在接下来完成所有的部分。

在女孩的前倾的头上以特殊方式产了令人惊奇的光的作用：来自上方偏右的光首先照亮头发和部分的脸部，随后密集地下降到衣领部和缝纫的工作上，达到与真实质地的精彩符合。

杨·维梅尔

《拿着一架天平的妇人》约 1664

表现一个平衡地拿着一架天平的妇人的画作属于维梅尔的绘画的一个系列，这个系列的画可以被视为寓意画。如果在妇人的身后没有一幅有着最后审判的画，从而将对作品的解读导向一个神学背景，则她在一个房屋内部的行动，也许就是一个通常的简单场景。从表面看来已经怀孕的这个妇人正以巨大的平静和关注，留意使天平的盘子处于彻底的平衡之中，这个形象也许可以被解释为童贞圣母玛利亚的俗世化形象，解释为基督之到来的预示，但也可以解释为正在代人说情的虔诚母亲。人们还注意到在天平上没有贵重的东西，没有珍珠，没有金子，而在桌子上有钱币、珍珠和金项链：这位妇人于是就可能是“虚荣”的人格化，在这里所有的贵重物都变成了只是大地上的生活的各种价值的象征。

另一些寓意式解读将这位妇人认作谨慎和节制的人格化。维梅尔的艺术在这幅画里达到一个在妇人的平静动作中，在对于被橙色窗帘过滤后进入并且在整个环境中微妙地扩散的光的智慧使用中的完整和谐的意义。

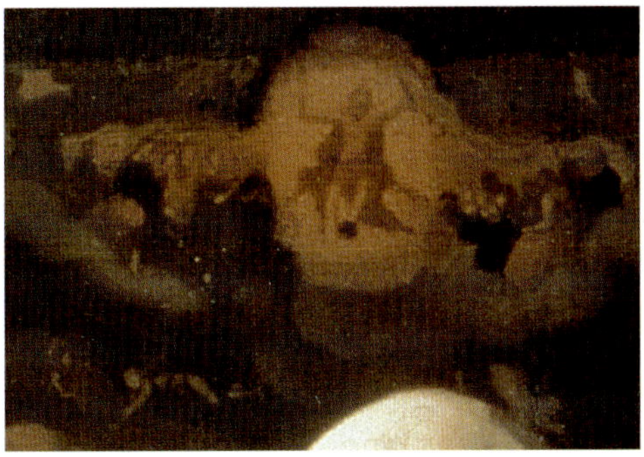

最后的审判在场景的上部表现了审判者基督的形象：只有不深刻地理解其意义和蕴涵的人才对此有恐惧，这样一幅图画确实显得与妇人的平静相和谐，因此妇人也许是一个决心克制、谨慎、平和地生活的人的画像。

从被一幅橙色窗帘所遮蔽的窗子，透过一道暖光，它带着细腻画出一条斜线，这斜线带人观察那天平。这同一道光使金子的光变得明显。在旁边，正对着妇人，可以看到一面镜子：它代表着对自己的认识并且有助于对于节制的寓意的解读。

金银匠用的小天平被妇人保持在完全的平衡之中，为了给予动作的稳定性和水平状态，她伸出最小的手指。被维持在平衡中的工具于是就有了比喻的意义，根据伊涅亚齐奥·德·罗耀拉在其肯定被画家所知道的精神练习中所建议的那样，劝人称量自己的选择的意义。

杨·维梅尔

《正在写东西的妇人》约1665

维梅尔的一幅罕见的画，在画中，人物从她正在做的行动上分心以转向观察者。事实上，妇人被表现为似乎在写一封信的行动（右手中的羽毛笔还向着纸页倾斜）中被一个神秘的第二号人物打断。然而在动作和表情中，都没有任何东西使人想到她由于这一来访而受到惊吓，虽然她向这来访者转过来时带着一种有着特殊注意的目光。

在荷兰传统的环境里，一个女孩所写的书信的主题能够有一个爱情的意味。在这幅画里，这种爱情的意味却只在妇人的目光中，而不是在那些可以在作品中搜寻到的清楚而确定的象征指示之中。这位妇人的身份不被人知：人们曾提出这样的假设，即她可能是卡塔利娜·波尔奈斯，画家的妻子，她在这幅画被创作的那个时代大概三十四岁；确认这样一种身份的证据不多：妇人所穿的边缘饰有貂皮的黄色绸缎上衣，确实最后在卡塔利娜的财产清单里，但在别的时候出现在维梅尔的画中时则被别的人物形象穿着。

布上的油画

45 cm × 39.9 cm

由哈利·瓦尔德隆·哈夫迈耶和小霍拉斯·哈夫迈耶为纪念其父亲霍拉斯·哈夫迈耶而捐赠

这张非常暗的画用来给小小的家庭场面作背景的东西，被认出如同一幅带有乐器的静物画，在这些乐器当中还被再现了一把带腿提琴（古时的低音提琴）。正如人们所知，在肖像学的传统里，这种乐器能够有一个与爱情紧密联系的含义：这一因素也许证实了作为这幅画之主题的爱情象征意义。

鹅毛笔仍被压在信纸上：书写行动刚刚被一个仍然不为观看者所知的人物进入的年轻女子视线所中断。在一张盖着一块蓝色桌布的桌上被如此好地照亮和构图的书写的行动，是被根据一些相当精确的形式值研究过的，例如左手腕的斜线与蓝布的褶裥的对应关系。

根据17世纪60年代初的荷兰时尚，年轻女子梳着辫形的发髻，并且在头上扎了呈星形结的饰带。她的有着细腻线条的面部，并不像大师的其他一些作品中那样像是被理想化了的，而是被用在颜色中的细致差别上的特殊处理加以表现的。

杨·维梅尔

《戴红帽子的女孩》1665—1666

木板上的油画
23.2 cm × 18.1 cm
来自安德鲁·W. 梅隆的收藏

这幅小画受到批评界巨大的争论，出于一些形式上的原因，批评界在某些情况下拒绝了艺术家的著作权。确实，这也许是在木板上而不是在通常的画布上的画作的唯一事例，并且在这种情况下表现出一些不连贯之处，而根据某些人的观点，这些不连贯之处不可能被认为属于这位伟大的荷兰人。然而，对于光的折射和光在对象身上制造的有颜色的反射的研究是如此之高，足可将这幅画“送回”给维梅尔。

对象，一个穿着一身异国式样服装的年轻女子的由较近的距离看见的半身像，被推论为 tronie，在那个时代，这个词指那种有着人物的头部的绘画，与画像是很不相同的。人物形象被表现在一个背景上，在这个背景里，能分辨出一张挂毯的制造细节，挂毯上的巨大图案和金边属于十六世纪末荷兰制造的挂毯的喜好。唯一的另一件环境装饰因素是椅子扶栏上的做成狮子头形的圆头，年轻女子在突然将头转过来时，倚靠在这圆头上。它们被奇怪地朝向观看者，并且被不正确地排列，虽然这种处理方法也存在于画家的另外一些作品中：无论如何，它们的距离制造出一个足够的空间，以便女孩将手臂倚在椅背上，并且精彩的雕刻效果准确地使视野变近。

巴托罗梅·埃斯特万·牟利罗

《窗口的女人》1655—1660

木板上的油画
125.1 cm × 104.5 cm
来自怀德纳的收藏
（曾是海斯特斯伯里勋爵和阿尔马多瓦尔公爵的收藏）

这位塞维利亚的画家带着独特性出现在十七世纪西班牙绘画的背景中，他的画偏爱一种金色和光亮的色调，这与他同时代人的对于侧光的追求有所不同。对于他常常带着感情参与而表现的普通绘画的日常场景，他也信赖自己的兴趣。窗口的两个女人的主题一直在批评界代表一种吸引力和一种神秘，从而在绘制完成的一百年后，诱导人们将这个主题解读为“加利西亚女人”，隐晦地意指两个女人是两个伏在窗口的妓女。

其实，牟利罗表现的仅仅是人们能够看见在塞维利亚的大街上发生的普通的画面：一个贵族小姐在窗口向外看，她的奶妈在一旁，半躲在护窗板后的黑影里。年轻女孩的活泼目光使人想到她正在观看着什么非常有趣的东西，并且这也被妇人用头巾遮嘴以藏住笑这个动作证实。这件非常成功的画，被设在窗子的直角上和少女所倚的窗台上。在黑暗背景上的两个女人的形象仅仅占据了被一条对角线所划的场景的一半，从而将观看者的目光都引到了女人的身上。

巴托罗梅·埃斯特万·牟利罗

《浪子回家》1667—1670

布上的油画

236.3 cm × 261 cm

阿瓦隆基金会的赠予

这幅巨大的画属于由塞维利亚仁爱医院向牟利罗订购的一个由八幅画构成的系列。画的是专为无家的穷人设立的收容院。在这里所画的宗教主题，来自福音书的寓言（《路加福音》第十五章第十一至第三十二节）的挥霍尽钱财的儿子回到父亲的家，在反改革的天主教环境中特别受欢迎；这位塞维利亚画家带着恰当的戏剧力量将它表现为仁慈的父亲与儿子之间感人相遇的高潮时刻。父亲的仁慈应该能够与教会的仁慈相比，教会始终是准备着接纳信徒们回归的。构图是经过研究的，将故事的所有细节都放入画中，呈现出一个仅仅适合使人分辨出父亲的富丽宫殿和周围的某些房屋，和一片似乎有变亮的意图的纷乱的天空。观看者的注意力被召请到画布的中心，在那里发生着温柔和强烈的拥抱，正是借助这强烈性，这拥抱趋向于使中心部分大大地孤立于周围的细节。以相同的模式，各种颜色的值似乎在这个部位被简单化了，从而有助于一个在深度上的发展，这种发展根据一条从有着颜色更加活跃的形象的右边人群，一直到几乎处在阴影中的左边人群的线条而进行。

在画中那些最受牟利罗喜爱并且更加经常地被表现的人物中，一个小男孩牵着一头小牛向前走：这是寓言所说的那头小的肥牛，它将被杀死以用于父亲为庆祝他原以为已经失去了的儿子的回归而想要办的宴会上。

一个仆人走向这家的主人，送来放在托盘上的新衣服和新鞋子，以将年轻人带回到他原有的身份之中。这里还有戒指，根据父亲的命令，给他戴在手指上，但它被另一个人物拿在手中：这就是留在家里与父亲在一起的大儿子。

跪着并且双手紧握成忏悔状的儿子的姿势，和请求的目光，呈金字塔形与身体微微前倾的年老父亲的拥抱融合在一起。他的动作的冲动是由斗篷褶裥的运动而指示的。

让–安东尼·华托

《意大利喜剧演员们》约 1720

布上的油画
63.8 cm × 76.2 cm
来自山缪·H. 卡瑞斯的收藏

被认为是画家的最后作品，也许被创作出来是为了作为礼物赠给画家的医生里夏尔·梅德，这幅画尽管带有一种忧伤的情绪，却表达了剧院的活跃氛围。艺术家在进入学院之前，还与剧院有着接触，与剧院场景画家克劳德·吉约合作过。艺术喜剧，作为受人喜爱的对象，转变成一种由华托开创的所谓爱情聚会，他得到一些已经存在于北欧艺术中，并且与巴黎的那些广为人知的世俗的习惯处于接触之中的活泼和感情的主题。

由于与多个互不相同的喜剧团体有着密切接触，人们也提出这个假设，即这幅画可能是一幅有着画家的几位朋友在内的团体像。无论如何，场景表现的是演员们在表演结束后的致谢，演员们在剧场的小台阶上站成队，人们可以隐约看到舞台的结构。在中央是皮埃罗的苍白和忧伤的形象，他双臂垂在两胁地向前走着，被斯卡拉穆齐的夸张的动作所介绍，而在他们之间，略退后些，是弗拉米尼亚，拒绝皮埃罗爱情的女性人物。在皮埃罗的右边，人们认出阿尔乐奎诺带着黑面具，穿着颜色华丽的衣服，处于这个面具的典型动作中。

让-巴蒂斯特-西梅翁·夏尔丹

《肥皂泡》约 1733—1734

布上的油画
93 cm × 74.6 cm
约翰·W. 辛普森之妻辛普森夫人的捐赠

由于 17 世纪的荷兰印刷品而在法国闻名的肥皂泡这个主题，作为人生之脆弱性的道德象征物，它被艺术家以极端的细心加以处理：肥皂泡像一个巨大的水晶球，它将那些最美的对于整个图画的反光都召唤到了自己的身上。

让-巴蒂斯特-西梅翁·夏尔丹由于其静物画所展示的极高品质和巨大的细节表达能力，于一七二八年作为静物画家被接纳入学院，尽管这种画在正式场合相当不被重视。从一七三三年开始，在他的作品中，出现了最早的那些人物形象，在这些形象中，就有这位吹肥皂泡的男孩：这对于画家来说是一个非常重要的过渡，它后来使夏尔丹重新对于带有人物形象的房屋内景和画像感兴趣。借助这个过渡，他在一七三七年的沙龙获得巨大成功，后来获得路易十五的好感，并且随之而获得了一个数目庞大的顾客量。

他的这些作品的一个特征，并且也是能够清楚地在肥皂泡这幅画中找寻到的，就是在一些非常简单和普通，然而又是带着高度的精神集中做的行动中，表现市民阶层的人物形象。这一切来自一个关注的目光，在一个为洛可可的矫揉造作和轻浮的兴趣所统治的时代，这种目光在它的赞赏者狄德罗看来，有着如此珍贵的道德和改革的热情。在完全将注意力集中到吹肥皂泡的年轻人这个被多次提出的对象身上，明显有着复制 vanitas 和易逝的生命价值这个古代主题的意图。

布上的油画
62 cm × 109 cm
来自山缪·H. 卡瑞斯的收藏

卡纳莱托

《帕多瓦的小门和布伦塔运河》约 1741—1742

16 世纪的大台阶于一五三四年用伊斯特里亚的石头建成。卡纳莱托表现了它的上船和下船的功能，而没有能够认识到它的建筑或历史价值。在这段台阶上活动着一些工人的形象，他们负责着货物的运输和交易。

风景画表现了帕多瓦城近处的一个重要的河港，这是威尼斯在陆地上的存在标志：小门是进入威尼斯城的安全通道。共和国从这里开始通向布伦塔河，在这里设有一个船码头，并且在这里形成了这个城市人口最多和最活跃的区域之一，来往这里的主要是船夫、屠夫和马夫（他们还因为与离这里不远的威尼斯大学的学生们的争吵而闻名）。

卡纳莱托的特殊视野对于这个重要的河上城门的历史建筑部分给予了许多关注，而似乎没有提到前面所说的那种有着特征意义的活跃性和民众的存在。确实，尽管存在着一些互不相同的船夫的形象，一些正在劳动的人，一些带着孩童的妇女，这幅画的占优势地位的氛围是宁静的，几乎忧伤的安静，与某些充满生机的威尼斯风景正相反。运河上的桥被表现得仍然没有完工，带有一五一八年的桥墩，这些桥墩是在众圣之门被建造时建的。众圣之门也被称为小门，是根据被称为贝尔加摩人的建筑师古耶尔摩·格利齐的设计而建造的。四个石头的拱门在更晚时，也就是从一七八四年开始时被完成。

卡纳莱托

《圣马可广场风景》1742—1744

布上的油画
114.6cm × 153cm
巴尔巴拉·赫顿夫人的捐赠

与另一幅存在于国家艺术馆的风景画对称而画的圣马可广场风景也许是被卡尔利斯勒伯爵在卡纳莱托身旁直接购得，并且是这位英国贵族想要用于自己在约克郡的霍沃德城堡的装饰的最典型的景物之一。广场被表现出了它的全部的辉煌，所用的视角使人能够欣赏为它充当边框的最美建筑：圣马可大教堂的闪光的正面（被描绘得甚至带有半月窗的镶嵌画和四匹镀金马这一杰作）和公爵宫的极为富丽和庄严的侧面。在深处能隐约看到朝向船坞的空隙，如一面镜子般平静的水，在水上移动着大大小小的船。在构图的右边，马尔齐亚纳被画在阴影中：是使人感觉到圣马可教堂巨大钟楼之存在的唯一因素。用一种准透视消失却不必将注意力集中于一个特有的点的特殊视角而取景的广场，被带着巨大的活跃性描绘成为活动和商业的中心：许多成对的或成群的人相遇和相互交谈，一些卖东西的人在被宽大的彩色阳伞保护的小而整齐的柜台前出示自己的货物。

贝尔纳多·贝洛托

《慕尼黑的宁芙堡城堡》约 1761

布上的油画
68.4 cm × 119.8 cm
来自山缪·H. 卡瑞斯的收藏

巴伐利亚 - 维特尔巴赫选帝侯的夏季住处的辉煌景象是三张画中的一张，这三张画时而从东方，时而从西方，画下了为马克西米连三世约瑟夫而建造的这个庞大的建筑群和它的花园，作为这座府第中的一间大厅的装饰。宫殿，尤其是宏大的花园，被画进这些风景中，是在画家离开意大利，第一次居留德累斯顿时期之后的那个时期的结束时，他这时已经十五年不在意大利了。在这个时期里，他的熟练的风景画家的风格体现为一种更强的敏捷自如，任何东西都不能使之背离描述的精确和细致，但是预示着一种更加流行的节奏，这种节奏也许是受到对晚期巴洛克幻术装饰的认识所鼓励的，在那些年里，他在维也纳有着欣赏到数量极多的这种装饰的可能性。他以一个从高处获得的视角来描绘的这座府第是从西边，也就是从在十七世纪被扩大和美化了的花园那边看的。可以看见在近景处的小湖上处于运动中的各种船只，这也许可以提示选帝侯在一七六一年九月向造访城堡的表兄帕拉提纳托选帝侯卡尔三世提供的庆祝活动。

宁芙堡，维特尔巴赫家族的重要的夏季住处之一，距慕尼黑不远，是在选帝侯亲王费尔迪南多·玛利亚于一六六二年出生时，作为对其母亲，萨沃亚的恩利盖塔·阿德拉伊德的礼物而建造的。在十八世纪实施的一项工程将它变成了一座壮丽的宫殿。

在庞大的宫殿扩建工程之后，花园根据法国式花园的风格，而被用数量众多的被小道环绕的花坛、仿古典的和巴洛克的雕塑和用于各种优雅的水效果的喷泉美化。

在近景处的盆地里，到达了一些优雅的船和贡多拉（尖舟）：这不是艺术家的凭空想象，而是对于在府中举行的庆祝活动的描绘。描绘人物形象所用的流动和快速的笔法没有将人的注意力从细节上吸引开，贝洛托在德累斯顿的那些年里，通过与荷兰绘画接触，完善了自己对于细节的描绘。

让-奥诺雷·弗拉戈纳尔

《读书的女孩》约 1776

布上的油画

81.1 cm × 64.8 cm

梅隆·布鲁斯夫人为纪念安德鲁·W. 梅隆而捐赠

沉浸于阅读中的女孩这个完全是日常的主题被弗拉戈纳尔以一种几乎变得紧张而吸引人的新鲜，以及一个洛可可艺术家所应有特别轻柔的细腻，而加以表现。被侧面表现的女孩，也许是坐在窗前，靠在软垫上，并且完全被她用右手轻巧地举着的那本书吸引。一道强光在周围环境中扩散，洒在女孩的正面，将一个轻弱的影子投在她背后的墙上，即对于观看者而言的右边。一个如此日常的时刻，却被表现得如同一个亲密和特定的时刻，就像艺术家从他的第一位老师夏尔丹那里所学取的那样。颜色的使用和光的表现与在十八世纪的法国，在弗拉戈纳尔对于那些欢快的和轻松的，甚至有时在由贵族和市民构成的公众看来是大胆的主题的发现之中发展起来的风格处于完全的和谐。

不论是在轻快而活泼的颜色的选择上，还是在以巨大的自由铺展颜色的艺术方面，被使用的绘画技术完全符合这样一些要求。根据他同时代的人所说，这种技术似乎使他拥有一个令人难以相信的操作快速，由于这一点，他能够在仅仅一个小时的工作内完成一幅像这样的小画。

雅克-路易·大卫

《拿破仑·波拿巴在他在杜伊勒里宫的书房里》1812

布上的油画
203.9 cm × 125.1 cm
来自山缪·H. 卡瑞斯的收藏

拿破仑的全身像是由希望获得苏格兰王位的道格拉斯侯爵亚历山大订购的，他渴望拥有一个有着欧洲各个戴王冠人物的画像的画廊。不能肯定画家是否在创作这幅画时拥有对于拿破仑的姿势的支配权，但这并没有阻碍一件杰出作品的创作。这幅画像完全符合一幅正式和有代表意义的画像的各种交流法则。

波拿巴将军被表现为身穿制服，站成著名的一手伸进外衣的姿势；由下而上的镶框视角意在强调人物的道德高尚和他的明显的优越性，尽管有着在脸上画出的仁慈的目光。那些布置装饰物补充了对于伟大将军的身份确认：指着早晨四点的钟意味着进行阅兵和军事行动开始的时刻，正如那些军用地图所证实的。并不缺少更加有战斗意义的标志，如剑，但还有在小桌子下的普鲁塔克 Vitae imperatorum（《诸统帅传》）的有限的标志，它在伟大的人的历史中插入被代表的主题并且给予他们以画像的不朽性质。

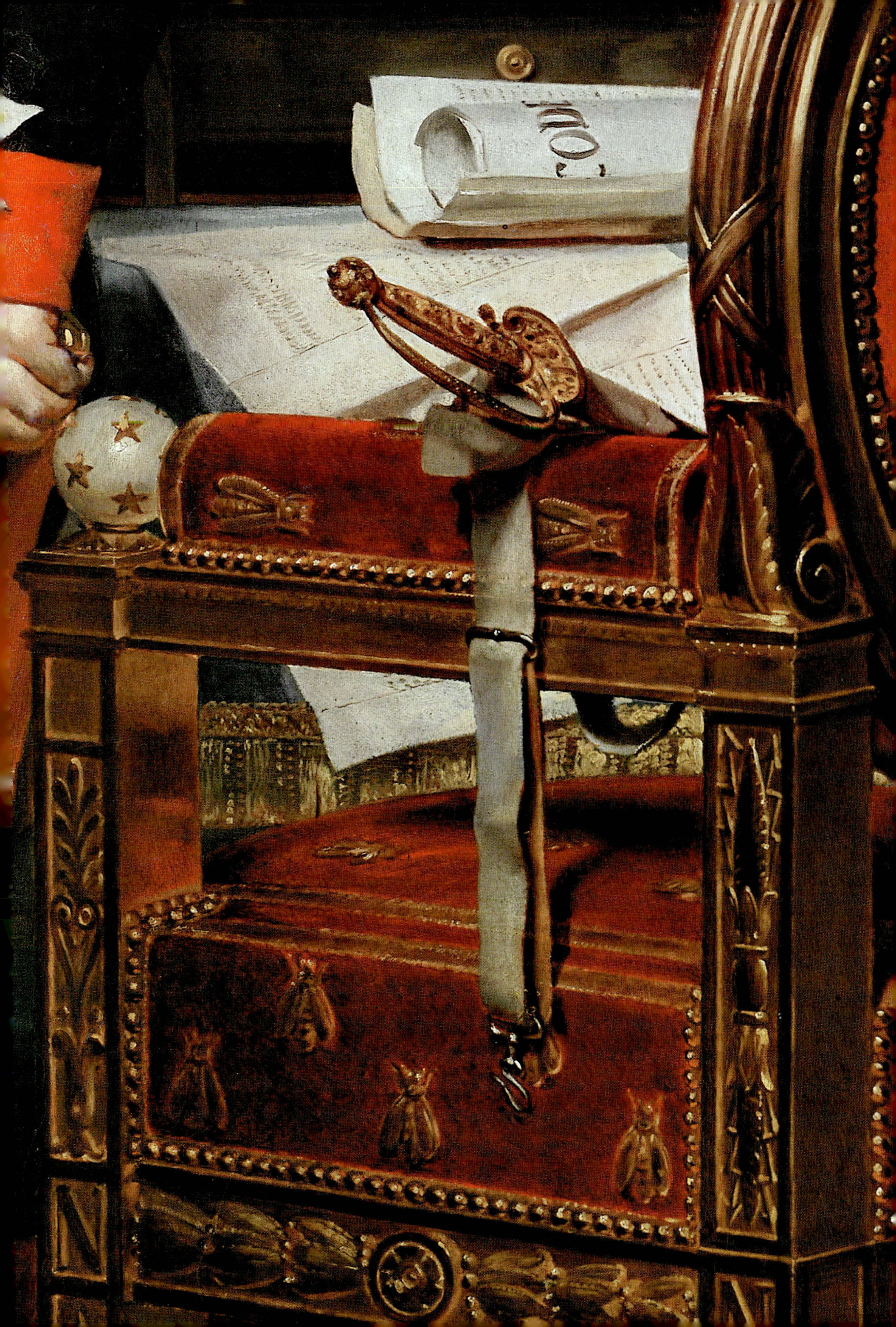

让-巴蒂斯特-卡米耶·柯罗

《枫丹白露的森林》1834

布上的油画
175.6cm×242.6cm
来自切斯特尔·达尔的收藏

在一八三一年的巴黎沙龙，这幅画被放在“历史风景”一类展出，这是为了能够将风景画提高为一个画的种类，因历史因素的存在而变得尊贵。当然，对于柯罗来说，重要的主题仍然还是枫丹白露森林的风景，它还被浪漫地表现为大自然的宏伟，在大自然笼罩之下的唯一的人类形象有着赋予主题以历史内涵的功能，但是，由于比例上的绝对劣势，与栎树和岩石相比，它几乎被消除。借一八三一年沙龙的展示机会而发表的这幅画，属于画家的正式创作，从紧接着第一次意大利居留时期的那些年开始，与后来变成柯罗最真实和最欣赏的一种“私人的”创作并列在一起。但是，由于意识到当时的批评界也许不能理解的这个事实，他一直使这个私人的活动处于秘密之中，一直到其生命的最后阶段。应当注意的是，他获得的成功和名望至少是来自那些公开的和正式的作品，这些作品，尽管部分地尊重传统，却容纳着艺术家在细节和颜色微妙和谐的使用，在透明度，在面对大自然的清新时的个人情感方面的力量。

这幅画的创作仍然是属于学院类型的：柯罗以在露天画速写和草图作为准备，然后在自己的画室里完成这幅画。面对大自然的美，他似乎持一种谦卑的态度，表现其野性的美，而没有任何要对它加以整理安排的企图。

在一幅历史风景画中，一切都通过对于大自然的热情研究而起着作用，人类形象在这里的唯一功能就是提升种类的品质：是自然的因素使人能够根据在原始而茂密的树枝间开辟道路的光而构造景深。

在风景中趴着读书的女孩是画的历史因素：批评界一致认为她是抹大拉的圣玛利亚，因为她被画成头发披散，一件红色的衣服，一件解开带子的衬衣；虽然她的姿态并不完全就是那位悔过圣女的姿态，她正读的书应该就是《圣经》。

让-奥古斯特-多米尼克·安格尔

《穆瓦提西埃夫人》1851

布上的油画
147 cm × 100 cm
来自山缪·H. 卡瑞斯的收藏

妇人的左手轻轻地握着一把收起的珍贵的扇子。浅颜色与衣服的黑色形成对比。戴戒指的手指，交错的金手镯，也许都是在这幅画的绘制的最后阶段补完的细节，以便最后确定夫人的社会地位。

穆瓦提西埃夫人是当时巴黎上流社会最有影响的夫人之一，一位政府官员的女儿，一个富有的花边商的妻子。安格尔于一八四四年的诸多犹豫不决之后才接受为她画像，终于在七年的辛苦劳动之后结束了他的作品，这幅作品最终没有使他完全满意，以致他不久后立即就准备进入另一幅画像（伦敦，国家美术馆）的创作。作为大卫的学生，倾向于绝对的完美。他是非常难以满足和非常严谨的，正是由于这个原因，在接受这个订货时他有犹豫；但是后来，为那“可怕而美丽的头部”所震惊，他开始了一番工作，这工作根据预见,显示出是长而痛苦的。伊奈斯·穆瓦提西埃的形象被泰奥菲勒·戈提耶描绘得“如同朱诺”，被画得仿佛这就是一个罗马的

女神的绝对的美：呈四分之三正面的她，有着完全正面的面部，从由马坚塔产红色大马士革呢挂毯构成的深色背景中显示出轮廓。浅肉色、象牙色与优雅的黑色天鹅绒与衣服上的小花边形成强烈对比。在对于理想美的表达上，画家以高度的细致复制了每一个细节，从服装，到双手，到珠宝，也许还借助了一张照片。

布上的油画
213cm×107.9cm
来自哈利斯·惠特摩尔的收藏（曾是托马斯·惠斯特勒的收藏）

詹姆斯·阿波特·迈克奈尔·惠斯勒

《穿白衣的少女》1862

模特乔安娜·赫菲尔南被画像时并未完全追求面部的完全相似：在画家心中的就是寻求一个没有历史的绘画的可能性，这样的画表现得如同一次纯粹的美学实验。

这件作品在右上角签名并标注日期，是由惠斯特勒送呈巴黎，参加一八六三年的被拒绝者沙龙。尽管官方批评和严厉的公众以很少的热情接纳这幅画，它却获得了有利的评价，以至在《美术报》上被保罗·芒兹介绍为“白色的交响曲”，并且他还强调了惠斯特勒的艺术与音乐的相互关系。这位美国画家在一八五五年就迁居到了欧洲，与方丹·拉图尔、科尔贝和现实主义画家群体接触，同时加深了对于贝拉斯盖斯的绘画和日本印刷的认识。《穿白衣的少女》的创作源于画家在面对西班牙画像，特别是贝拉斯盖斯的全身画像的巨大兴趣。站在铺在一张地毯上的熊皮之上的人物在其背后有一块由加工精细的布料做成的白窗帘：这使艺术家能够消化这位西班牙画家的讲课并根据色调而进行调整变化，从而达到一个极为活跃和被装饰的场景。以白色的冷色为基础的色调改变使人能够复制一些特殊的空间效果，突出在一个有着泛泛的仿东方趣味的环境中构成的形状。

爱德华·马奈

《死去的斗牛士》约 1864

布上的油画
75.9 cm × 153.3 cm
来自怀德纳的收藏

大衣，也就是在最后一击之前用于与牛搏斗的呢斗篷，在地上被折叠起来，只让红色的外部可以看见。以红色为基色的颜色变化是精彩的，红色显得特别亮。

被杀死并躺在地上的斗牛士这个主题只是在一个第二时间，在艺术家的一次重新思考之后，才变成一个独立作品的。事实上，马奈已经呈送给一八六四年的沙龙一幅“斗牛”，但它没有取得希望的成功；甚至，由于被杀死的斗牛士，在场地正中的牛，和在背景的几个斗牛士之间的比例的大量不和谐，他引来了一些激烈的批评，这说服他改变这幅画，剪裁画布，将它变为两个独立的作品。被如此分离出的斗牛士使马奈的草图变得可用，并且，除了被画的主题，尊重了贝拉斯盖斯的艺术。虽然斗牛士的没有生命的躯体被画在一个没有明确定义的并且没有任何空间参照物的空间里，却由于在颜色处理上的极端细心而打动人：菲利普四世宫廷的伟大画家的课程被完全采用到了重新提出各种色调对于色调之变化的能力中，和在少数色调的使用中，从而表现出一种不寻常的控制。对于鞋子的闪亮的黑色，对于长裤和上衣的天鹅绒的黑色，对于头发的颜色，白色起到了对照的作用，它在紧绷着双腿的袜子上更加光亮，在腰带上和在衬衣上发光，并且在内部也与倒地时敞开的上衣不同。

布上的油画
54.8 cm × 46.3 cm
来自埃尔萨·梅隆·布鲁斯的收藏

贝尔特·莫里索

《在窗前的艺术家妹妹》1869

落地窗的敞开在这幅画的构图中非常重要：它使得光能够大面积地落进房屋，而在外部空间的深处，一些小的细节有助于定义地点：被各种颜色的花装饰的铸铁栏杆。

贝尔特·莫里索画的是她的妹妹埃德玛·彭提永，这是在埃德玛于一八六九年刚刚结婚之后，她第一次去埃德玛在洛里昂的家里访问她。年轻的彭提永夫人被表现为坐在一张沙发里，靠近一扇开着的落地窗，这使得艺术家能够加工某些对于她的印象主义概念来说是珍贵的主题：首先，对于从敞开的窗子进入到房屋里的光的研究，一个简单而家庭式的场景，对于一个中产阶级家庭的再现，人们能够在沙发、在一张小写字台和那些在墙壁上的挂毯上分辨出这个家庭的一些装饰因素。也许是贝尔特·莫里索在头脑里还有一件马奈的最近的作品，而为这件作品摆姿势的就是她本人（《阳台》,奥尔赛博物馆，巴黎），因此，在目前这件作品中就有一些与马奈作品的相似之处。这位年轻的印象主义画家所关注的是光的分析，它如何从窗口进入，并且如何能够在充当模特的女孩的白色衣服上发生变化，充当模特的女孩不是摆着姿态被画下来，而只是在不经意地摆弄自己的扇子时被画。这幅画被送呈一八七〇年的沙龙，获得巨大的成功，尽管，正如贝尔特所注意到的，它被展示得不好。

爱德华·马奈

《圣拉扎尔车站》1873

布上的油画

93.3cm×111.5cm

霍拉斯·哈夫迈耶尔捐赠，以纪念母亲路易西娜·W.哈夫迈耶尔

爱德华·马奈是在他的朋友蚀刻师阿尔丰斯·希尔什的花园里画这幅画的，希尔什的女儿帮忙充当看着火车经过的儿童的模特，而那个带着忧虑的目光转向观看者的女性形象，则是维多琳·默兰，艺术家在那个世纪的第七个十年里最偏爱的模特。这件作品是完全在露天完成的，没有素描稿和预备性习作的辅助，并且确实就是这个操作方法使得画家能够在一个日常的主题，也就是对于火车经过的观看之中，达到一种不同寻常的清新和直接。对于占据了画布的整个空间的栅栏的发明，有助于艺术家使景深的各个层次远离，并且因此而将铁道的场景放置在远离观看者处，与两个人物形象同样远，这样一来，人物形象就被感觉得更近，几乎是与观看者处于同一个空间里。由于以通常的黑色栏杆构成的栅栏被构造得与机车的白色烟雾形成对照，于是妇人与小女孩的关系就构成在夫人的蓝色衣服与小女孩的柔软的白色衣服之间的对比。这幅画被呈交给一八七四年的沙龙，很迟才被承认为十九世纪最有创新意义的作品之一。

马奈的那些妇人的最典型的表情在这里也在维多琳·默兰的面部被发现，维多琳·默兰在大约十年前曾为一件激起愤怒的作品《奥林匹亚》摆过姿势。在一个使耳饰晃动并在脸上留下影子的快速动作中，被从读书中一时分神的人物的忧虑的，几乎疑问的目光。

小女孩和她的衣服是用宽大的笔触和大的色块加以塑造的：在恰恰是被发光闪亮布料的大蝴蝶结的笔法之“非定义”获得的定义面前，按马奈的意愿，几乎画成草图的双手，其对比并不混乱。蝴蝶结的活泼的色调使人想到了夫人的衣服上纽扣的颜色。

蓝色衣服的宽广的深色部分被展开的书和衬衣的打褶裥的袖口的白色斑块中断。但并非全白：淡紫的颜色渐变导致与纽扣和与女孩的衣服的和谐。一把带有红色带子的扇子再次采用了帽子上的花的红色，同时一只小狗安静地倚靠着妇人的手臂而休息。

克劳德·莫奈

《带着阳伞的女人——莫奈夫人与儿子》1875

布上的油画

100 cm × 81 cm

来自保罗·梅隆的收藏

在这幅于一八七六年以“散步”的题目被送交印象派第二次展览的画中，人们目睹了一个特别的事例，在这件事中，人类形象相对于包围着他的风景，获得了一个特殊的提高。作品创作于阿尔让特伊附近，艺术家于一八七一年搬到了那里。那是莫奈创作的最多产的那些年，他以巨大的激情投身于艺术，探求一种个人的风格，它后来非常幸福地表达在他的那些画中。在那些画里，天空、镜子般的水面和露天的大自然总是呈现一种颤动的光，一种清新的气氛，带着所有从中而来的活跃的闪光。

两个形象，画家的妻子卡米耶和老年所生的儿子让，他们被用一种足够降低了的视角，表现在一座小山丘的顶上，在那里，风的力量是巨大的，并且明显地弄乱妇人帽子上的羽饰和她的长衣服的宽大的布。虽然画的是一张双重画像，艺术家拒绝学院派画像的那些虚假常规的规则，以一种巨大的自由画他的对象的形象。对于人物为使自已不朽而在想象中中断散步的发明是反常规。

奥古斯特·雷诺阿

《正在为自己编辫子的年轻妇人》1876

布上的油画
55.5cm×46cm
来自埃尔萨·梅隆·布鲁斯的收藏

一个从左边而来的光源将人物形象在一种中性的背景下照亮。在袒胸露肩的衣服慷慨地让人看见的女孩身体的浅肉色之上，人们注意到被投上的阴影，它们是根据印象主义画家们的习惯用快速的笔触画成的。

这幅画可能被雷诺阿创作于来自在第一次印象派画家展览时所接受的严厉批评和来自由一八七五年的一场拍卖导致的灾难的双重绝望，这一切不幸迫使艺术家致力于研究和创作各种不同的画像和那些由于被表现得非常接近于画像类作品，因而能够更加容易地大量出售的作品。《编辫子的年轻妇人》中的人物形象被认为是穆勒小姐，但关于她没有别的文献资料，她也许只为雷诺阿在这个境况中摆过姿势。这幅作品因此而表现得就像一个对于女性形象的逸事性描述。这类画与表现儿童的画一起，在那个世纪的

第八个十年里受到画家的大力研究。

雷诺阿的注意力在一开始全都集中在妇人的波浪般的红头发上，特别是被用左手抚弄的被编好的头发，因此作品最初的标题是“头发”，但是他随后将焦点聚在一些新的细节上，如懒散的目光，或从深色背景中突显出来的赤裸的双肩。然而，由于缺少衣物的细节，观看者的目光被邀请了仔细看妇人的迷惘表情。

布上的油画
61.5cm×97cm
W. L 和梅·T. 梅隆基金会捐赠

温斯洛·霍默

《起风了》1873—1876

美国生活中的一个运动场面，并且与大海的主题紧密联系：正是这一特征使人们视霍默为一个真正美国的，并且对于他的国家在十九世纪的艺术相当有代表性的画家。

在被视为最有代表性的美国画家之一霍默所特别喜爱的那些主题中，大海确实被带着真正的激情加以表现。艺术家一开始是在美国受的教育，最初是在波士顿做石版画学徒，他在那里学习，后来变成了插图画作者和画家。作为一些重要的杂志的插图画家，他还在南北战争时期当记者，将他的画从战区寄回。由于已经是精于美国日常生活场景的画家，为了他的非常重要的艺术的发展，他在一八六六年到一八六七年间，在欧洲旅行，在这次旅行中，他拥有了认识印象派画家，尤其是库尔贝、马奈和莫奈的作品的可能性。他被这一相遇激发，寻求一种新的观察和在画布上还原图像的新方法。回到祖国后，他主要致力于海洋场景，这幅画就被插在他定居于普鲁特角的那个时期的创作之中。为了画《起风了》，他似乎用了三年的劳动和研究，寻求最大的完美，使用比起他在欧洲旅行之前所特别喜爱的那些色调更加热烈的色调，将他的笔法变得更加流动。

文森特·梵高

《自画像》1889

布上油画

57.15 cm × 43.82 cm

来自约翰·海伊·惠特尼先生和夫人的收藏

文森特·梵高刚回到圣雷米的精神病院，在一八八九年的八月和九月之间，就创作了一些自画像。他被表现为带有画家用的围裙、调色板和油画笔的这一幅，是这个系列的第一幅。借助画家在这个处境中写给他的兄弟泰奥的信，我们能够知道，“最古老和最新的种类”即画像这个种类对于梵高是多么的重要，他认为，在绘画的所有种类中，这种画将变成最持久的那种。虽然承认画自己的像，认识自己是一件相当困难的事。艺术家坦白，在前一年的十二月，与高更一起看了德拉克洛瓦画的一些画像之后，自己就有了一个不可抑制的创作画像，特别是自画像的愿望。另外，他清楚地知道一边画画一边劳动对于战胜他的疾病的发作有多么的重要：他自己曾经写过，他的劳动也许能够使他避免疾病带给他的虚弱。借助画家的《自画像》他似乎有意图要证明这样一种意识：在一场带着幻觉和自杀危机的强烈发病之后，他长时间地关在自己的房间里，将自己画得苍白和疲劳不堪。

画的背景是以蓝色和深紫色的密集笔触画出来的，笔触越紧密，越接近文森特·梵高的脸。与被选为脸部和头发的颜色的对比非常强烈，恰恰是为了突显出痛苦和仍未完全远离的疾病的那些标志。

为了脸部的肉色，艺术家使用了一种黄色和绿色的混合色：他并不是仍然完全被疾病的剧烈发作所控制，而是根据他自己证实，苍白瘦弱如同一个幽灵。在灰白色、黄色和绿色之间的颜色的使用肯定完全起到了传达他的病人眼光的功能。

在以他的专业工具为自己画像时，他感觉自己是个艺术家兼手工艺人，并且他在写作时赞美自己的劳动说：“劳动使我无限地越来越远离别的任何东西，如果我能够将我所有的精力都投入到劳动中，则它也许将是最好的治疗办法。”

文森特·梵高

《普罗旺斯的佃农房屋》1888

布上油画
46.1 cm × 60.9 cm
来自埃尔萨·梅隆·布鲁斯的收藏

这幅小画再现了普罗旺斯的一座农民的房屋：也许这是这位画家用“习作”一词所指的那些画中的一幅。梵高在一八八八年的二月到达阿尔勒城时，他意外地发现自己面对着一个被雪覆盖的风景。他肯定找到了别的东西，也就是能够使形式更加简单并且与他在日本绘画中看到的那些模式有关的地中海的光明。根据梵高的说法，阿尔勒城是“南方的日本”。于是，刚一到春天，在只完成了几件习作后，他的创作活动变得极为高产，以致在一年稍多一点的时间里，他完成了约两百幅画和一百件设计，同时还一直保持着一种极密集的通信，特别是与他的兄弟和姐妹的通信。来自埃尔萨·梅隆·布鲁斯的收藏的这幅小画就被推导到这个时期。

根据艺术家写给自己的妹妹的东西，南方的大自然不能够用北方的颜色加以表现；于是他换了颜色，使用了更加丰富的颜色，在这幅画中也能找到从天蓝，到远处海水的蓝，到被地中海的灌木丛包围的房屋的热颜色。

背朝着人们的农民，他的衣服是用草和墙的热橙色与采用了地中海灌木丛颜色的衬衣的冷蓝绿色合并的色调而画出的，这个形象与梵高如此喜爱的热烈和光明的大自然混同和混杂。

木板上油画
79.2cm×51.3cm
来自切斯特尔·达尔的收藏

保罗·高更

《自画像》1889

被一根树枝悬在画家肩部之上的苹果，是原罪或是诱惑的古老象征，高更取它可能是为了给予他写给梵高的信中所说的“我们，社会的可怜的受害者，让我们通过做好事来向她报复”做个解释。

这幅小的自画像不是被高更画在画布上，而是画在一块木板上，是勒普尔杜膳宿公寓的餐具柜的窗板，高更与画家梅耶尔·德·哈昂和赛吕西埃在不列塔尼留居期间就住在这家公寓里。虽然载体在后来看来是不合适的，画家仍然在以象征方式再现自己这个意图方面达到成功，同时对自己和自己的精神状态进行探究。面部的图画由两个广阔而平展的色块构成——红色在上方在背景里，而黄色在下方的人物的半身像里——古典传统的那些象征性因素，如挂在枝上的苹果和正好悬挂在艺术家头顶的细致的光晕，以及被拿在艺术家手中的一条弯曲的小蛇（像一杆鸦片烟枪）。作为神圣性的传统象征，光晕就与作为魔鬼的古老再现和恶的象征蛇对立，从而制造出了一个对于存在于所有人中，因而也存在于有着这个嘲讽微笑的高更身上的二元论的专门涉及。在被曲线统治并且以大色块为基础的构图选择中，能够感觉到高更对于日本印刷品的巨大热爱。

埃德加·德加

《跳舞之前》1890—1892

这幅画的长方形形式特征后来被德加在十九世纪九十年代最初的那些年多次使用，特别是为了一些跳舞和赛马的场面的创作，这是些最吸引他的主题，因为它们使他能够投入到对于运动中的形象的学习之中。如果说在这幅画中还能够找寻到对于他的古典教育的一个记录，虽然由于构图的结构和缩小了的颜色种类，而能够记下一笔，但构图就新在将观看者的目光从近景处引向场景的深处。因而，从右向左的阅读在两个正在做准备活动的舞者身上开始，第一个向前弯曲身体，被第二个所平衡，第二位抬高着一条腿，预习着那一组四个跳舞者的动作，在大厅的深处，四个跳舞者正扶着横杆进行练习，呈一个以对称形式摆出的几乎自主的小构造。两个光源照亮整个环境：一个可见的光源从窗口微弱地进入，使四个在横杆处的跳舞者脱离阴暗，而另一个光源更加强烈，在这幅画的范围之外，照着近景处的跳舞者，令人惊喜地使她们的短裙的蓝色调可被辨认出来。

布上油画

40cm×88.9cm

来自怀德纳的收藏

以对称的布置被安排成一行的几个扶着横杠练习的跳舞者的小小形象，由于她们所做的有节奏的舞蹈动作，由于微弱的照明所给予的适当的颜色对比，有助于给予整幅作品一种古典的特征，它记录了一个古老的画法，在那里，故事是在单独一条连续不断的水平线上进行的。

在近景处的这位全身向前弯曲的跳舞者，被一个虽然隐藏着但又是强烈的光源所照亮，这个光源确定了那些阴影，而那些阴影则是顺从着那条将视线引向窗口的斜线。这同一道光，虽然有着微弱的色调，却增强了以鲜艳的蓝色和绿色绘成的少女衣服的颜色效果。

在构图的最深处的窗子是整个场景中唯一明亮和可见的照明光源。被浅色的窗帘遮挡住的光进入到室内环境中，破坏了由各种几乎单色的低色调构成的单调，但并没有改变安静的半阴暗的感觉。差不多是在画的中央，突显出这个空虚处，与这个半阴暗的近景处对应。

玛丽·卡萨特

《小船上的游玩》1893—1894

布上油画

90 cm × 117.3 cm

来自切斯特尔·达尔的收藏

（曾是杜朗·吕埃尔的收藏，纽约）

对于光的处理的特殊效果运用在母子这个群体之中，在这里孩子被表现为被太阳直接照亮，在脸上有一个清楚的帽子的阴影。与这种直接照亮对应的是小衣服的更加明亮的红色。

《小船上的游玩》由玛丽·卡萨特创作于她于一八九三年和一八九四年之间的那个冬天在阿提布时。在那个时期她已经放弃了在她到达巴黎时闻名于世的印象主义文艺观点。被德加注意到并被引见给团体后，这位美国画家从一八七四年到一八七九年与他们一起展出作品，后来离开他们，在一种更为传统的风格中寻找自己的艺术个性。

在这幅画中，她回到了她最习惯的主题之一，母亲带着孩子，一个家庭型的场景，这里，在人物形象的壮观和颜色的简单化之中，透露出在一八九〇年美术学校的一场展览中为人所知的那些日本画的影响。然而，对于光的处理还使人感受到与法国的大师如莫奈的相遇的影响，人物被置于光的三个不同区域里：大的阴影，在这里有那个男人，明亮的帆的阴影留给夫人和孩子，而他们又在某些部分，接收直接的太阳光。这一切使得人能够强化在近景处的深色人物形象与小船的黄色的对比，并且能够通过在极远处，在以白色海滩线处的海岸结束的颜色选择，构造景深的各个层次。

布上油画
73 cm × 92.3 cm
来自埃尔萨·梅隆·布鲁斯的收藏

保罗·塞尚

《河堤》约 1895

虽然确切定义画家所描绘的特有环境是相当困难的，似乎是找到了一些对于埃克斯周围地区的描画，尽管仍然有某些回忆提到巴黎附近，他在一八九五年去过那里。

于一九七〇年进入国家艺术馆的收藏的这幅画，其题材符合在十九世纪八十年代末和九十年代被塞尚较多地研究过的河湖风景主题。在这幅画中，在近景处，能认出一个平静的如同镜子一般的水面，在接下来的一个景深层次，它被一道堤坝所限，在堤坝上露出一片繁茂的自然景象，绿色的树叶愉快地映在河中，在朝着最深处，将空间留给一些建筑。

风景可能是最被画家偏爱的种类，因为它们被表现得如同对于他的研究有利的实验台，正如在这幅画中，借助水的占优势的存在，使得他能够将自己的研究集中在反射的表现上。在《河堤》的创作中，塞尚使用颜色时模仿水彩画的液体透明，同时使人隐约看见画布。这幅画很有可能是在露天里只分两个阶段完成的，而没有在画室里的后期修改。正是在那些年（一八八八年与一九〇六年之间）艺术家前往普罗旺斯生活，在画的背景中的那些建筑物也许就是在提及普罗旺斯。

约翰·辛格·萨尔根特

《懒散（休息）》1911

布上油画
63.8cm×76.2cm
库尔特·H. 莱辛格的捐赠

懒散地躺在沙发上的少女被表现得几乎已经睡着，并且被裹在一条开司米的披巾里。有着尖细手指的手是与周围环境的各个细节融为一体的年轻女子的一个有着高度优雅的特别之处。

以一个完全远离那些常规画像的特殊姿势被画的这位少女，是画家的侄女罗斯·马利·奥尔蒙·米歇尔，她在那些年里多次被画，并且常常是被卷在一条开司米的披巾里，就像在这幅画中裹着的这条一样。一些年来，萨尔根特不仅仅抛弃了传统的画像模式，更抛弃了画像这个种类本身，他为这个种类自身所带的那些持续不断的社会压力感到疲劳，而同时他在经济上已经足够安全到能够投身于一种在其他一些能够给予人更多想象的领域进行的个人的和更加自然的实验（风景的习作，自然，露天的实验……）。然而这幅人物形象画表现为有着极高技术的作品，它沿着一条水平的轴而构造，展示出一

些极优雅的环境特点，从靠墙的桌子到画的金边。少女的这种头发散乱、嘴微闭、双手交握的松弛姿态，又一次传达出那个正在熄灭的世纪的那种轻浮、优雅和性感的，并且将要被一些晚近的历史事件颠覆的气氛。

布上油画
91.7cm×59.7cm
来自切斯特尔·达尔的收藏

阿梅地奥·莫蒂里安尼

《哈伊姆·苏提讷》1917

莫蒂里安尼所画的人物形象的特征是，在一个只有很少决定特征的因素的深色背景上，一个由简洁和弯曲的线条画出的设计图。他的人物的脸是蛋形的，有着扁桃形的，常常是空虚而无表情的小眼睛。

移居巴黎的白俄罗斯犹太画家哈伊姆·苏提讷在一九一五年通过立陶宛雕塑家利普希茨认识了莫蒂里安尼。他们成了朋友，尽管他比莫蒂里安尼小十岁，并且在某个时期里一同分担着巴黎的画家生活的困难。在一九一七年，莫蒂里安尼请他到自己的画室，这是在苏提讷已经没有工作场所之后。这幅画就是莫蒂里安尼为他而作的数量众多的画像之一：其实这位年轻的白俄罗斯人被这位里窝那人至少四次画在布上或木板上，还有更多的画成草稿。

对象被根据一个常用的模式表现为处于一种简单的姿势，在这个姿态中，人物形象被一些简洁的轮廓线勾画。作为莫蒂里安尼的那些画像的开端的，是这种十四世纪锡耶纳艺术的基本风格的魅力，他对于雕塑的研究丰富了这一风格，而这种研究对于获取和确定线条在他的（从1914年开始的）作品中的构造功能是有决定意义的。除了遵守古代的、古典的和埃及的传统，还有一个相当近的肖像学的重要参照在塞尚的画中——他善于从塞尚的作品中获取古典方式的基本的和曲线的形式以用于他自己的作品，同时还有通过大色块进行的人物形象的构造。

乔治·布拉克

《静物：日报》1929

布上的油画
115 cm × 146.7 cm
来自切斯特尔·达尔的收藏

《静物：日报》是与布拉克的那些静物画同时的，一九二六年到一九三〇年间，布拉克在这些画中，偏爱借助一张独脚大理石面的小圆桌，或一些木头小圆桌的结构。这件作品却展示了由各种放在一张厨房用的有抽屉的长方形木桌子上的物品的构图，与画家在二十世纪最初的二十年里所作的那些立体派作品中给予的空间和立体感风格相一致。不论是对于分析立体派（1908—1911），还是对于综合立体派（1912—1914）静物画种类都获得一种巨大的重要意义，因为画家在这里再现对象并不是根据一个唯一的，也就是不可改变的视角，而是通过对于对象的所有可表达外表的观察的同时性而表现它。布拉克本人在很久以后，于一九五四年，在一次采访中向多拉·瓦利埃解释说，“在静物中有一个触觉的空间”，以这种方式作画就使得他能够不仅仅看到事物，更触到事物。这条路线导致他将所要表现的对象处理成具体和可触的现实，从而对于传统的空间观起到革命的作用。

这幅静物画的标题来自小桌上各种物品当中的一份日报，可以看到它的大标题“日报”(Le Jour)。乔治•布拉克在一九一一年开始在他的作品中插入书信和印刷文字，在这件作品中就借助了对于这个日报的名称的模仿。

尽管这位法国画家在一九一二年后开始使用一些单色的不同材料，因此而使用上过浆的纸，或有沙的图画，或模仿木头，或其他的材料，在这幅画中，他回到仅仅借助绘画而模仿墙纸。

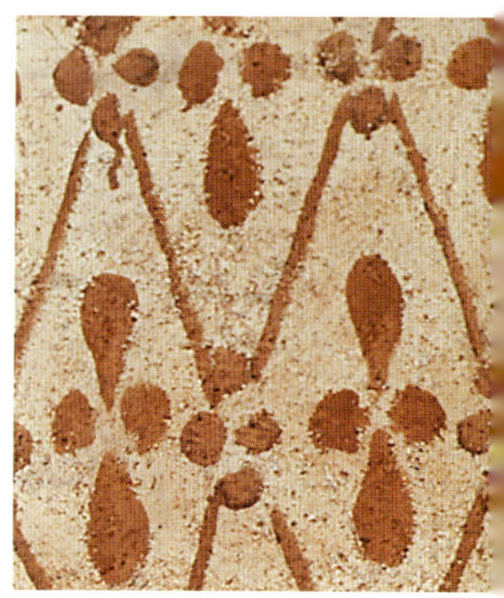

从静物画这个种类开始时，乐器就一直处在那些受到偏爱的主要物品之列，这也是由于它们所能唤起的象征意义。对于立体派的艺术家而言，从这个古老宝库获取灵感，这是一个推动，以便对于过去的表现方式提出自己的批评，并且展示出自己的造型研究。

亨利·马蒂斯

《有菠萝的静物画》1924

布上的油画
50.5cm×61.5cm
W. 阿夫莱尔·哈里曼基金会捐赠以纪念马利·N. 哈里曼

在一个大盘子上布置的不多的水果和物体被用一些果断地铺展开并且没有色调过渡的原色画成。马蒂斯使用补充性颜色是为了一个明显的目的，即增强颜色对比，以给予作品巨大的活跃性。

《有菠萝的静物画》与另一些互不相同的作品一起，如塞尚的一些风景画和一幅静物画、梵高的《玫瑰花盆》、夏尔丹的一幅静物画，被捐赠给国家艺术馆。马蒂斯以这件作品在思想上完成了这样一个种类的演进过程，他主要用颜色进行加工，因为在他的绘画艺术思想中，颜色有一个非常重要的创造性功能。

马蒂斯的创作，主要通过颜色的应用，达到了对于绘画的空间和构图所作的定义，以及构成画面的各个物体的形式品质。为了这个目的，艺术家将他的颜色选择缩减到那些纯色，但并没有忘记塞尚的教诲。根据塞尚的说法，事物不是被表现为追求它们的本质，而是作为对于它们的基本形式的还原。在马蒂斯的静物画中，空间和形式的定义总是附属于颜色：活跃而紧张的颜色，对于生活之快乐（及对于艺术家的野兽时期）的视觉再现，是这些作品的主要因素。为了这个因素，三维性和细节研究被忽视和取消，但是对照的热烈带给每一幅画一种快乐的装饰意义。

布上的油画
166.7 cm × 267 cm
来自切斯特尔·达尔的收藏

萨尔瓦多·达利

《最后的晚餐》1955

在图的中央特殊效果变得密集：在基督身体的透明之中，人们看见一些小船在一个可能是利加特港的海上风景中，而在餐室的桌上，则只有一个基本的细节：切碎的面包和葡萄酒。

在三个月的辛苦后完成的这幅画证明着达利在长时间居留美国（一九四九年六月之后）回返后，以痛苦的并且不是没有虚伪的方式，所经历的向天主教义的回归。被重新找到的信仰变成了一些互不相同的画的启示因素，在这些画中，基督教传统的主题被部分恢复。

《最后的晚餐》的特殊构图的安排布置采用一种曾经存在于古代和宇宙象征之中的几何主题，由一些五边形的面构成的十二面体，它划定了建筑空间的界线，同时创造出一种光学幻觉。由于这幻觉，它又像是在基督与使徒们这一群人之上闭合的，又像是转而朝向外部，并且在同时将餐室与外部风景联系在一起。这件作品的绝对神秘的精神是在十二名低头跪着处于深深祈祷中的使徒的形象的牢固性，与有着透明身体的基督形象的对抗中获得的，他是唯一能够被看到面部的形象。在这一切之上，悬在空中，一个双臂张开的，透明的，但是却将自己的影子投在十二面体的结构之上的半身胸像，显示了基督的双重本质，即人的本质和神的本质，并且预示着复活。

华盛顿国家艺术馆

参观指南

- 12—15 世纪的意大利艺术
- 16 世纪的意大利与西班牙艺术
- 16 世纪的意大利、西班牙和法国艺术
- 15—16 世纪的荷兰与德国艺术
- 16 世纪的弗朗德勒与荷兰艺术
- 18—19 世纪的西班牙艺术
- 18 世纪与 19 世纪初的法国艺术
- 英国艺术
- 美国艺术
- 19 世纪法国艺术（印象主义）

艺术家和作品索引

安东奈罗·达·美西纳
《带着圣婴的圣母》 36–37

雅科波·巴萨诺
《向牧人们的宣告》 80

安杰利科和菲利波·利皮
《三王朝拜》 28

乔万尼·贝利尼与提香
《众神的宴会》 72–75

贝尔纳多·贝洛托
《慕尼黑的宁芙堡城堡》 120

希耶罗尼穆斯·博斯
《吝啬鬼之死》 42

桑德罗·波提切利
《三王朝拜》 38–39
《朱利亚诺·德·美第奇》 40

乔治·布拉克
《静物：日报》 150—151

卡纳莱托
《帕多瓦的小门和布伦塔运河》 117
《圣马可广场风景》 118—119

玛丽·卡萨特
《小船上的游玩》 146

保罗·塞尚
《河堤》 147

让–巴蒂斯特–西梅翁·夏尔丹
《肥皂泡》 116

弗朗梭瓦·克卢埃
《普瓦提埃的狄亚娜》 32

萨尔瓦多·达利
《最后的晚餐》 153

埃德加·德加
《跳舞之前》 144—145

威尼斯人多梅尼科
《圣约翰在荒漠中》 30

杜乔·迪·博尼赛尼亚
《彼得和安德烈的召唤》 22
《在先知以赛亚和埃泽基尔之间的圣诞》 23

阿尔布莱希特·丢勒
《带着圣婴的圣母》 50–53

伦勃朗与戈维尔特·弗林克
《穿东方服装的男人》 100

保罗·高更
《自画像》 143

奥拉齐奥·真蒂莱斯基和乔万尼·朗弗朗科
《圣切齐利亚与一个天使》 92–93

乔尔乔内
《牧羊人的崇拜》 64–67

乔托
《带着圣婴的圣母》 24–25

埃尔·格列柯
《从神殿里驱逐商人》 82
《圣马尔提诺与穷人》 83
《拉奥孔》 84–87

马提亚斯·格吕内瓦尔德
《小的耶稣受难画》 68

小汉斯·荷尔拜因
《年幼的爱多阿尔多六世》 76–77

温斯洛·霍默
《起风了》 139

列奥纳多·达·芬奇
《吉内佛拉·班其》 33–35

菲力波·利皮
《三王朝拜》 28
(与真福者安杰利科一起)
《带着圣婴的圣母》 29

罗伦佐·罗托
《贞洁的寓意画》 56–57
《美德与罪恶的寓意画》 54–55
《耶稣诞生》 69

贝尔纳尔第诺·路易尼
《抹大拉》 70–71

圣路齐亚传说的大师
《童贞圣母的加冕礼》 43–45

天主教国王的祭坛后部装饰屏的师傅
《加南的婚礼》 48–49

爱德华·马奈
《死去的斗牛士》 132
《圣拉扎尔车站》 134—135

亨利·马蒂斯
《有菠萝的静物画》 152

阿梅地奥·莫蒂里安尼
《哈伊姆·苏提讷》 149

克劳德·莫奈
《带着阳伞的女人——莫奈夫人与儿子》 136—137

贝尔特·莫里索
《在窗前的艺术家妹妹》 133

巴托罗梅·埃斯特万·牟利罗
《窗口的女人》 110—111
《浪子回家》 112—113

佩鲁基诺，皮埃特·瓦努齐，通常称为佩鲁基诺，即佩鲁贾人
《基督被钉上十字架》 41

科西摩的皮埃罗，皮埃罗·迪·罗伦佐
《带有圣尼古拉和圣安东尼奥院长的圣母往见》 46–47

尼古拉斯·普桑
《圣母升天》 98

奥古斯特·雷诺阿
《正在为自己编辫子的年轻妇人》 138

拉斐尔
《圣乔治与龙》 58
《科伯小圣母像》 59–61
《黎明圣母》 62–63

彼得·保罗·鲁本斯

《德齐乌斯·穆斯向军团说话》 88

约翰·辛格·萨尔根特

《懒散（休息)》 148

丁托列托，雅科波·罗布斯蒂，被称为丁托列托

《基督在水上行走》 81

维切利奥·提香

《众神的宴会》 72–75

(与乔万尼·贝利尼一起)

《照镜子的维纳斯》 78–79

罗杰尔·凡·德尔·维登

《妇人画像》 31

杨·凡·埃克

《报知》 26–27

文森特·梵高

《自画像》 140—141

《普罗旺斯的佃农房屋》 142

狄埃戈·贝拉斯盖斯

《缝纫女工》 101—103

杨·维梅尔

《拿着一架天平的妇人》 104—105

《正在写东西的妇人》 106—107

《戴红帽子的女孩》 108—109

让-安东尼·华托

《意大利喜剧演员们》 114—115

詹姆斯·阿波特·迈克奈尔·惠斯勒

《穿白衣的少女》 131

图书在版编目（CIP）数据

华盛顿国家艺术馆 /（意）罗萨·乔尔吉编著；陆元昶译. — 赤峰：内蒙古科学技术出版社，2018.1（2023.6重印）
（伟大的博物馆）
ISBN 978-7-5380-2921-5

Ⅰ. ①华… Ⅱ. ①罗… ②陆… Ⅲ. ①艺术馆—介绍—华盛顿 Ⅳ. ①G249.712

中国版本图书馆CIP数据核字（2018）第024660号

华盛顿国家艺术馆

编　　著：〔意〕罗萨·乔尔吉
译　　者：陆元昶
责任编辑：彭　飞
封面设计：李　莹
出版发行：内蒙古科学技术出版社
地　　址：赤峰市红山区哈达街南一段4号
网　　址：www.nm-kj.cn
邮购电话：0476-5888970
印　　刷：三河市华东印刷有限公司
字　　数：120千
开　　本：787mm × 1092mm　1/16
印　　张：10.25
版　　次：2018年1月第1版
印　　次：2023年6月第2次印刷
书　　号：ISBN 978-7-5380-2921-5
定　　价：148.00元

如出现印装质量问题，请与我社联系。电话：0476-5888926，5888917

Published by arrangement with Atlantyca S.p.A.
Original Title Washington National Gallery of Art
Text by Rosa Giorgi

Photo Reference

AKG – Images, Berlino
Archivio Mondadori Electa, Milano
Artothek, Weilheim
The Bridgeman Art Library / Archivi Alinari, Firenze
Erich Lessing / Contrasto, Milano
© G. Braque by SIAE 2005
© Salvador Dalí, Gala – Salvador Dalí Foundation by SIAE 2005
© Succession H. Matisse by SIAE 2005